目录

传奇投资人的智慧

ROLF   HEINZ
MORRIEN   VINKELAU

ALLES, WAS SIE ÜBER
JIM ROGERS
WISSEN MÜSSEN

吉姆·罗杰斯
投资精要

[德] 罗尔夫·莫里安
[德] 海因茨·温克劳
——著

姜慧迎 ——译

中信出版集团 | 北京

图书在版编目（CIP）数据

吉姆·罗杰斯投资精要 / (德) 罗尔夫·莫里安，
(德) 海因茨·温克劳著；姜慧迎译 . -- 北京：中信出
版社，2023.6
　　ISBN 978-7-5217-5515-2

Ⅰ . ①吉… Ⅱ . ①罗… ②海… ③姜… Ⅲ . ①吉姆·
罗杰斯－投资－经验 Ⅳ . ① F837.124.8

中国国家版本馆 CIP 数据核字 (2023) 第 074494 号

吉姆·罗杰斯投资精要

著者：　　　[德] 罗尔夫·莫里安　[德] 海因茨·温克劳
译者：　　　姜慧迎
出版发行：中信出版集团股份有限公司
　　　　　　（北京市朝阳区东三环北路 27 号嘉铭中心　邮编　100020）
承印者：　　北京诚信伟业印刷有限公司

开本：880mm×1230mm　1/32　　　印张：5.25　　　　字数：67 千字
版次：2023 年 6 月第 1 版　　　　印次：2023 年 6 月第 1 次印刷
京权图字：01–2021–5471　　　　　书号：ISBN 978–7–5217–5515–2
定价：42.00 元

吉姆·罗杰斯：

投资就是旅行，旅行就是投资

——刘建位 《巴菲特选股10招》作者，

霍华德·马克斯作品《周期》译者

吉姆·罗杰斯，1942 年出生，1968 年以 600 美元启动资金进入投资圈，1980 年退休，工作 14 年，赚到 1400 万美元。当时的 1400 万美元，按照现在的汇率计算，相当于人民币 1 亿元，按照购买力折算，值现在的 10 亿元。罗杰斯从此离开华尔街，开始周游世界。

1990 年冬末，罗杰斯骑着摩托车出发，用了两年的时间环游世界，走遍了六大洲，到过数十个国家，全程 16 万公里，创造了吉尼斯世界纪录。他根据这次旅行的经历，写出一本畅销书《旅行，人生最有价值的投资》(Investment Biker)。1999 年到 2002 年，罗杰斯进行了他的第二次全球之旅。这次他走遍了 116 个国家，全程 24 万公里，创造了新的吉尼斯世界纪录。他根据这次旅行的经历，又写出一本畅销书《旅行，人生最有价值的投资 2》(*Adventure Capitalist*)。罗杰斯这两本书写得确实不错，主要是讲旅行，机车美女、星辰大海、荒野沙漠、美食美景，比文艺作品还浪漫，推荐阅读。

在旅行期间，罗杰斯顺路考察，找到一些全球投资的好机会，个人获得了良好的投资收益，可以说旅游和投资两不误，二者相互促进。正是因为关注全球市场，特别是新兴市场，罗杰斯在美国投资界以对全球市场独特的洞察力而著称，《时代周刊》将其誉为金融界的印地安纳·琼斯。

罗杰斯是如何一边环球旅行一边全球投资的呢？我们先来看看他的人生与投资经历，就知道了。

吉姆·罗杰斯的人生与投资成长经历

吉姆·罗杰斯在美国亚拉巴马州的迪莫波利斯小镇长大，1960年考入耶鲁大学历史专业，开始了世界名校的生活。

罗杰斯靠奖学金交学费，生活费不够，就在学校食堂勤工俭学，又在学院里兼了好几个零工，才能温饱。人穷志不短，罗杰斯学习很刻苦，1964年以优异的成绩从耶鲁大学历史专业毕业。

大学的一个暑假期间，罗杰斯得到机会到老牌证券公司多米尼克实习，从此爱上证券投资。

靠大学毕业时获得的学术奖学金，罗杰斯又去英国留学深造，到牛津大学巴里奥学院学习哲学、政治学和经济学，主要是学哲学。

1966年，罗杰斯从牛津大学毕业后回到美国，按照当时的法律规定，他必须先服2年兵役才能工作。罗杰斯先到军官学校学习，又到纽约布鲁克林区的汉密尔顿堡担任军需官。

1968 年 8 月，罗杰斯服役结束，进入华尔街。他先在投资公司担任证券分析师，后来进入一家犹太人开的颇有口碑的德国老牌投资公司——布莱希罗德合伙公司，当时华尔街只有两家专门提供海外投资服务的机构，这是其中一家。在这里，罗杰斯认识了索罗斯。索罗斯比他大 12 岁，两人都很有国际投资视野，一拍即合，搭档管理"双鹰"对冲基金，主要利用美国国内和国外的机会套利赚钱。后来，由于新的监管限制，两人被迫分出去单干，于是创立了量子基金，一段投资神话就此诞生。

1980 年，罗杰斯退休，之后先后两次周游世界，在环球旅行期间顺路考察，全球投资。

罗杰斯非常看好中国市场，专门写过一本书《中国牛市》(*A Bull in China*)。在西方的著名投资大师中，他确实具有独到的全球投资眼光，见解过人。有媒体称罗杰斯是华尔街上关注全球投资机会的"黄金眼"。

最近 40 年来，作为个人投资者，也就是独立的大散户，罗杰斯还是非常火。他经常接受西方媒体的访问，也经常接受中国权威媒体的专访。一名个人投资者，能火上 40 年，太传奇了。

罗杰斯的投资范围相当广泛，除了股票投资，还涉及复杂的商品期货投资和卖空。因为在中国不能卖空，我们还是讲讲大家都感兴趣的股票投资，这也是罗杰斯的主要投资领域。

投资就是旅行，旅行就是投资

投资就是让你的资金去旅行。买基金，让基金经理帮你选股，类似于跟团游，而自己做股票投资，就是自驾游了。长期投资绝对会比长途旅行时间长得多，罗杰斯环游世界只用两三年，但是他的长期投资往往会持续三年五年，甚至十年八年。

罗杰斯认为，旅行和投资二者本质上是一样的，都是寻找别人没有发现的新东西。他在接受采访时说："当你旅行的时候，你总是会寻找新的东西、新的体验，这就像投资一样。投资的时候，你也要找到新的东西。如果你想要成功的话，你就必须要找到别的投资人没有发现的、未知的而且是低价的机会。"①

罗杰斯一边环球旅行，一边全球投资，旅行不仅可以告诉他很多关于世界的知识，也让他更加了解自己准备投资的国家。在决定投资一个国家之前，他都会先进行实地考察。一边旅行，一边考察，一边选股，是罗杰斯退休后的主要状态。有关罗杰斯与索罗斯联合创办量子基金的成功经历有很多人讲过，因此，我来选择一个没有人讲过的角度，讲讲他退休之后成为散户，是如何在旅行中投资股票的。这可能对中国的业余股票投资人来说会更有启发。

在我看来，罗杰斯把旅行与投资有机地结合在

---

① 袁元：《罗杰斯：中国股市最具投资价值》，《证券日报》，2008 年 5 月 9 日。

一起，方法大致可以归纳为 4 点：先做功课（读万卷书）；实地调研（行万里路）；看性价比；长期坚持。下面我们一一展开讲解。

读万卷书：旅行和投资都要提前做好功课

我们经常说，读万卷书，行万里路。

长途旅行之前，要搜集很多资料，做很多准备工作，如同读万卷书。长期投资之前也是如此。

我们来看看罗杰斯在长期投资之前要做哪些准备工作。

首先，研究公司。

进行长期投资之前，罗杰斯仔细研读的第一类资料，是与公司相关的财务报告。

他在研究分析方面的功课做得非常细致："如果你只阅读公司的年度报告，你已经完成了 98% 的投资者应该做的。如果你阅读了财务报告的注释，你就能够超过 99.5% 的投资者。通过自己的采访和详细调查，核实这些财务报告数据以及公司高层管理人员公布的未来发展预测；与客户、供应商、竞争对手以及其他任何可能影响公司发展的人员沟通交流。当你确信无疑，自己比华尔街98%的金融分析师都更清楚地了解某家公司之后，你才能进行实际投资。相信我，它一定成功。只要你比其他人更勤勉一些。"[1]

其次，研究股市。

要做持有很多年的真正的长期投资，你就要洞察未来市场可能出现的长期变化，为此你首先要研究历史上发生过的重大长期变化。罗杰斯本科在耶鲁大学学的就是历史学，他非常重视研究股市的长期历史轨迹："大多数投资者都可以很容易地认识到在什么时候投入资本是廉价的，但是他们很难察觉未来即将发生的变化——这就是研究市场及其历

---

[1] 吉姆·罗杰斯：《最富足的投资》，民主与建设出版社，2017年出版。

史发展轨迹的重要之处。在我的金融学课程中，我坚持让学生们通过对历史上特定时期的一切经济事件进行分析预测来练习他们的决策能力。1929年纽约市场的下跌预示着什么？怎样从美国南北战争的爆发推测出曼哈顿的房地产市场价格将会飙升？是什么影响了投资者的决策？"[①]

研究历史，可以帮助投资者建立大局观，培养长期的大视野。历史上的重大变化可以启发你思考未来的大趋势。所以做投资之前，要先研究影响股票市场的历史事件，分析市场的驱动力。

"在哥伦比亚大学教授的'牛市与熊市'课程上，我指导学生们对过去曾经出现的主要的牛市和熊市做调研，然后让他们思考应该如何提前预测到市场的上涨与下跌。当价格暴涨或直线下跌的时候，世界正在发生什么事情？为什么这些事情发挥

---

① 吉姆·罗杰斯：《旅行，人生最有价值的投资》，中信出版社，2011年出版。

了催化剂的作用？"罗杰斯认为，通过回顾历史，投资者可以更好地预测未来的变化。"①

第三，研究国家。

在长期投资之前，罗杰斯还会仔细研究目标国家的相关资料，不仅包括投资领域的资料，还包括地理、政治、经济和历史。

"我密集地学习过地理学、政治学、经济学和历史学。我相信它们是有关联的，并将在我对世界市场的投资之中派上用场。"罗杰斯在投资中国之前就仔细研究了中国的历史、经济和地理，思考中国改革开放巨大变化的深层因素："两年前我曾驾车横穿中国，一年前到过天安门广场，在中国我度过了令人难忘的美好时光。这个国家发生的变化令我惊叹。我也读过美国媒体对中国的报道，但是我认为它们报道失实。这些媒体的记者们缺乏在历

---

① 吉姆·罗杰斯：《最富足的投资》，民主与建设出版社，2017 年出版。

史、经济和地理方面的训练，他们只能肤浅地描述表面现象，不能洞察中国正在发生什么。在我先前到达中国的旅行中，我仔细研读了中国近代史，发现事实和西方媒体鹦鹉学舌式的喋喋不休所表达的理念完全不同。我发现，不仅那些我在之前旅行中遇到的企业家朋友仍掌管企业，而且货币政策和财政政策都已放松，经济正在崛起。我在中国所到之处，无不显示着这条沉睡的巨龙正在苏醒。"[1]

行万里路：开阔眼界，了解真相

旅行是为了广见博闻，更好地认识这个世界。投资也需要深入调查，亲身体验，更好地了解公司、行业、市场和国家。

我读罗杰斯的书发现，他每次谈到自己去过某

---

[1] 吉姆·罗杰斯：《旅行，人生最有价值的投资》，中信出版社，2011 年出版。

个国家，都会谈谈这个国家的历史，他在旅行中重点看的不是自然风光，更多的是历史遗迹，他喜欢对照自己学习过的历史知识，进一步思考人类社会长期的变化是如何发生的。罗杰斯认为，旅行对他来说不仅仅是一种冒险，也是一种接受继续教育的方式。深度的旅行与实地考察，让他可以真正理解这个世界，不断地认清它的本质。

对于投资，罗杰斯也坚持认为，有很多投资机会，除非到实地调研，否则没有办法真正了解。

实地调研之所以相当重要，是因为它能够让你得到其他投资人坐在家里无法了解到的信息。做股票投资，你要分析公司的基本面信息，而公司公开披露的季报、年报等资料，第一，并不一定完整全面，第二，并不一定真实深入。

罗杰斯在环游旅行中，一路进行实地调研，拜访各地的股票交易所，不断寻找投资机会。他先后实地调研了奥地利股市、博兹瓦纳股市、新西兰股市、阿根廷股市、哥斯达黎加股市等多个国家的股票市场，越是表现萧条的市场，越能激发他的研究兴趣。

罗杰斯的投资风格并不是精选个股，而是选择股市。他认为，如果看好一个国家，正好它的股市整体处于相对过度低估的状态，那么直接选择该国股市上的一些核心大盘股买入就行了。现在，指数投资非常发达，一个国家的主要指数完全可以覆盖这个国家的主要上市公司，对普通的个人投资者来说，选择两三只股票指数基金或者 ETF（交易型开放式指数基金）就可以了，这样做全球投资更加简单易行。

越是新兴市场，越是不发达的国家，信息披露往往越不够完整。就像在旅游时，我们有时会发现，看到的真实风景和真实人物与之前读到或听到的东西感觉上有相当大的不同。那些只会在办公室看研究报告和图表的人，看到的东西都差不多。而像罗杰斯这样经常外出全球旅行、深入调研的人，会看到很多本土投资人看不到的好国家和好企业。

讲到这里，可能有人以为，我读了很多资料，又做了实地调研，肯定就能看清上市公司的真相，不会投资失败了。你太天真了。好公司是一回事，好股票是另外一回事。

看性价比

投资买股票，和旅行时买机票、订酒店、买纪念品一样，一要看质量好不好，二要看性价比高不高。罗杰斯把自己股票投资的成功归因于坚持超高的性价比："我喜欢购买并永远持有某些股票。我在投资方面取得的成功，通常都要归功于收购价格低廉的股票，或者说我自认为价格低廉的股票。即便判断失误，由于买价很低，也不大可能赔掉很多钱。"[1]

---

[1] 吉姆·罗杰斯：《旅行，人生最有价值的投资2》，中信出版社，2013年出版。

在进行股票估值时，罗杰斯同样参考传统指标："我评估一些传统指标，如市盈率等。资产负债表是否合理？公司是否支付股息？市盈率是否过高？行业是否有前景？这家公司是否能给这个国家一个不错的未来？"[1]

另外，罗杰斯特别强调自己一定会选当地股市最优质的大盘股，而且也强调要适当分散："你的风险要分散开来，而不是全部集中在一家企业上。刚开始，我不会往市场投太多钱，我要先摸索摸索，看看有什么样的问题，然后再大笔注入。"[2]

总之，投资就像旅行，买股票一定要精挑细选，寻找物美价廉的个股。

---

[1] 吉姆·罗杰斯：《旅行，人生最有价值的投资》，中信出版社，2011 年出版。
[2] 吉姆·罗杰斯：《旅行，人生最有价值的投资》，中信出版社，2011 年出版

长期投资就像长途旅行，你要坚持到底才行

我在基金公司工作十多年了，我们公司有 10 年 10 倍的基金，其他公司也有，但是真正长期持有 10 年，赚到 10 倍收益的基民，万分之一都不到。

几乎人人都想低买高卖，在最低点买入，在最高点卖出，如果真能做到这样，就简直太棒了，但是迄今为止还没有任何人能够连续准确预测出市场何时会由涨转跌，既然你看不准波段转换，肯定也做不到波段操作。

罗杰斯说，他不做短线交易，他做长期投资。这也是他敢拿出几年时间环游世界的重要原因。

"我们旅行要去的地方可能会没有电话、传真机、复印机，只有几份报纸。我所持有的大多数投资都是长期投资，所以我不必进行重大调整。我削减了卖空投资，把期货清了仓……我持有的这些资产不需要我每日都留心关注。如果我判断正确，那么我就会赚钱，如果我判断错误，我也不会因此赔

得精光。"①

什么也不做，却比做什么都强，这就是长期投资成功的秘诀。

用罗杰斯的话说，人人都想发大财，但是很少有人用 5 年、10 年甚至 20 年的时间去追求这个目标，不惜付出代价来实现这个目标。

没有人能随随便便成功。长途旅行如此，长期投资更是如此。

投资就是旅行。旅行就是投资。

长期投资就是长途旅行。长途旅行就是长期投资。

祝各位早日梦想成真！

---

① 吉姆·罗杰斯：《旅行，人生最有价值的投资》，中信出版社，2011 年出版

沃伦·巴菲特,可能是现代股市历史上最著名、最成功的投资者,在谈到投资时,他说:"投资很简单,却也并不容易。"这一观点与其合伙人查理·芒格的说法非常相似:"找到一个简单的想法,并认真对待。"

成功的投资并不是什么秘密或玄学。我们在"传奇投资人的智慧"系列图书中将向您介绍许多简单的策略,它们都秉承了巴菲特、查理·芒格、吉姆·罗杰斯等人的投资精神。您只需要知道这些投资策略是如何运作的,然后始终如一地将它们付诸实践。

在本系列图书中，我们从每位股市传奇人物的人生履历开始介绍。读者会很快意识到，往往是早年的生活塑造了这些投资者。吉姆·罗杰斯甚至在还是个孩子的时候就展现出了他的商业天赋。6岁时，他赊账购买了一台烤炉，把自己烤的花生和饮料一起卖给当地棒球队的观众。五年后，他不仅能够偿还向父亲借的本金，而且账户中还有100美元的利润。

那些伟大的股市传奇人物的童年虽然无法复制，但读者可以在我们的书中了解到这些人的个性是如何形成和发展的。我们还会在书中向读者介绍这些人的成功投资经验，并深入分析使吉姆·罗杰斯、约翰·邓普顿、彼得·林奇、巴菲特和查理·芒格等人获得成功的投资策略。

既然有十几位顶级专家在过去几年、几十年或几百年的时间里各自了探索出了成功的投资路径，我们为什么偏要去尝试发明一种全新的、未经证实的投资策略呢？模仿大师们的策略并不是简单盲从，而是将认知、理解和实践融为一体的艺术。另外，如果我们只依赖自己的想法，而忽略了成功投资者们的建议，就有可能重复大家已经犯过的错误而最终走进死胡同。向成功的人学习，可以避免误入歧途。

这并不是指要在所有事情上一对一地模仿著名的投资者，更重要的是理解他们的决策过程和决策本身。特兰·格里芬在他的杰出著作《查理·芒格的原则》中写得非常好：

就像没有人可以成为第二个沃伦·巴菲特一样，也不会有人成为第二个查理·芒格。我们不必像对待英雄那样对待任何人，而是要考虑芒格是否像他的偶像本杰明·富兰克林那样拥有我们想要效仿的素质、特质、投资体系或生活方式，即使只有部分值得借鉴。同样的方法也以解释芒格为什么会阅读数百部人物传记。从他人的成败中吸取经验教训是最快的学习方式之一，可以让自己变得更加聪明，却不必忍受很大的痛苦。

最后，如果我们没有马上获得股市收益，请记住查理·芒格关于毅力的呼吁："人生中的第一桶金往往是最难获得的。"

海因茨·温克劳

罗尔夫·莫里安

第一部分

吉姆·罗杰斯
——周游世界的
投资家

我们以吉姆·罗杰斯说过的一些话作为本书的开头，这些话很好地体现了他的思想与行为，以及他坚持不懈、长期思考和保持好奇的品质。

我们都认识聪明却并不成功的人，我们也认识有才华却并不成功的人。坚持不懈的努力才是成功的关键。[1]

我一直在密切关注着世界上发生的事情。我的天线一直打开着。[2]

那些明智地进行储蓄和投资的人在人生中比较不会为财务担忧。[3]

我之所以会在投资方面取得成功，是因为投资是我最喜欢做的事情。[4]

在亚拉巴马州迪莫波利斯的童年

（1942—1960）

吉姆·罗杰斯与股市传奇人物沃伦·巴菲特的区别是显而易见的：巴菲特在自己的家乡（内布拉斯加州奥马哈市）长大，几乎在那里度过了他的一生，而吉姆·罗杰斯很早就充满了对远方的向往，这使他成为一个具有全球思维的环球旅行者。

迪莫波利斯，是我从小生活的小镇的名字，意思是人民的城市。[5]

我喜欢大城市。我不想回到亚拉巴马州的迪莫波利斯，在我的大学时代即将结束时，我家的电话号码还只是一位数。[6]

1942 年 10 月 19 日，小詹姆斯·毕兰德·罗杰斯出生在马里兰州的巴尔的摩，他是老詹姆斯·比兰·罗杰斯和欧内斯特娜·布鲁尔·罗杰斯的第一个孩子。也许是因为与家族成员重名或其他原因，小詹姆斯很快就被习惯性地称为吉姆（詹姆斯的昵称）。

吉姆在迪莫波利斯度过了他的童年。迪莫波利斯是亚拉巴马州北部的一个约 7 000 人的小镇，尽管人口稀少，却是马恩戈县最大的小镇。迪莫波利斯四周是被称为"黑带"的农业区。"四周之所以叫'黑带'，是因为那里有丰富、肥沃的黑土地，200 年来为棉花的种植提供了沃土。虽然有些农场主从废除黑奴运动中幸存了下来，但农场却没有在象鼻虫对棉铃的袭击中得以幸存。"[7]

吉姆的父母是大学毕业生，他们相识于俄克拉荷马大学。老詹姆斯学习石油工程，妻子欧内斯特娜学习人文学科。

吉姆的父亲在迪莫波利斯为波登化学公司经

营一家工厂，这是一家生产胶水和甲醛的化工厂。[8] 他对五个儿子要求极为严格。身为长子的吉姆·罗杰斯回忆家庭时说："马虎或者拖延？在我们家没有这样的事情。"[9] 在孩子的成长过程中，吉姆的父母特别注重培养他们勤奋与节俭的品格。"父亲还教会我们尽可能多地储蓄，因为我们从他那里从未得到任何东西。"[10]

当6岁的小吉姆想要一只棒球手套时，他知道只能自己想办法："我去了迪莫波利斯的布拉斯韦尔商店，挑选了一只手套，价格是4美元。我把手套带回家，之后每个星期六，我都分期付款给店主克鲁斯·布拉斯韦尔15美分，直到全部付清为止。"[11]

吉姆之所以能够分期付款，是因为他在那时已经有了稳定的收入："我5岁时第一次工作，在当地的棒球场收集空瓶。"[12] 这只是吉姆进行商业活动的开始。1948年，在父亲的支持下，他开始了自己的第一笔生意："当父亲向我提供借款以开始我的第一笔生意时，我兴奋得跳了起来。我花100美元买了一台花生烤炉——100美元在亚拉巴马州北部是一笔巨款，然后在县级棒球联赛中售卖花生和饮料。这笔生意取得了巨大的成功。我在看台之间挤来挤去，试图在比赛结束前尽可能多地卖出花生。不久之后，我雇用了我的兄弟和朋友一起来卖。5年后，我偿还了父亲的借款，账户上还有100美元利润。"[13]然而，吉姆并没有将这100美元长期留在银行，而是将其投资于牛群。一年后，他卖掉了牛，获得了巨大的利润。[14]那是吉姆的第一次大宗商品投资。

除了售卖花生和投资牛群，学生时代的吉姆·罗杰斯还在业余时间从事其他工作。"我14岁时，每个星期六上午都为我的叔叔钦克工作。他拥有一家位置不起眼的小杂货店。我的工作是为顾客提供服务，并为货架备货。我的努力给叔叔留下了深刻的印象，他不用我开口就给我涨了工资。这是一个相当大的惊喜，因为钦克叔叔在金钱上并不大方。"[15] 之后，吉姆还为当地的一家承包商工作过，并表现出同样的工作热情。

回首往事，吉姆·罗杰斯认为他在年轻时不得不通过工作满足自己的愿望是一件产生了积极影响的事情："年轻时的工作经验为我带来了很多益处。它不仅教给我金钱的价值，而且还帮助我发展自我认知。当你学会管理自己的财务时，你就获得了实实在在的自主权。"[16] 这种观点与沃伦·巴菲特十分相似。

年轻的吉姆在学校也表现出勤奋的一面。他是个好学生。高中时代，他加入了学校的钥匙俱乐部。钥匙俱乐部是一个致力于当地社会项目和学生发展的学生组织。20 世纪 50 年代，钥匙俱乐部的准入条件非常严格。每年迪莫波利斯只有 5 名学生能加入当地的钥匙俱乐部。"上高中时，我是钥匙俱乐部的热心成员。我担任迪莫波利斯钥匙俱乐部主席的那一年，我们赢得了'世界最佳小镇钥匙俱乐部奖'。"[17]

高中毕业后，吉姆·罗杰斯被田纳西州西瓦尼的南方大学录取。与此同时，他还申请了耶鲁大学提供的为期 4 年的钥匙俱乐部奖学金。当吉姆收到耶鲁大学的录取通知书时，他很惊讶，他的父母也很激动。"我很惊讶。我当时 17 岁，对耶鲁大学知之甚少，只知道这所大学位于康涅狄格州的纽黑文。然而，我的父母却非常了解我被耶鲁大学录取意味着什么。"[18]

　　当吉姆以全班第一的成绩从高中毕业后，他毫不犹豫地拒绝了南方大学的邀请，前往 2 000 公里之外位于美国东海岸的纽黑文。"那时，我意识到，这段求学之路也是我获得教育的一个重要部分。它开阔了我的眼界，我从中学到了很多东西。"[19]

求学耶鲁

（1960—1964）

> 我挣钱是为了自由。我是一个来自亚拉巴马州迪莫波利斯的穷小子，很幸运地进入了耶鲁大学。[20]

> 总之，我在耶鲁度过了一段美好的时光。[21]

从亚拉巴马州的乡村来到著名的耶鲁大学，对年轻的吉姆·罗杰斯来说是迈出了一大步。然而，在经历了耶鲁大学奖学金带来的欣喜之后，罗杰斯却开始了自我怀疑："我很快就从最初的欣喜中沉下心来，现在我必须去耶鲁大学了。我突然变得很焦虑，因为我知道这对我来说是巨大的挑战。"[22]

这些自我怀疑也是有根据的，罗杰斯认识到，他的许多大学同学都曾在私立中学接受过更好的教育，而他的州立高中无法为他提供同等质量的教育。"我觉得自己完全没有准备好与来自美国东北部的著名预科学校的毕业生们竞争。所以，我提前到耶鲁报到，准备比别人更努力地学习。"[23]

进入耶鲁大学后，罗杰斯很快意识到，每年2 000美元的奖学金是远远不够的。当时，仅学费和食宿费用就高达每年2 300美元。此外，还有书籍、各种学习材料和休闲活动的支出。因此，罗杰斯不得不在耶鲁大学找一份工作来挣钱。"我每周在食堂工作几个小时，还做学校里其他的勤工俭学工作。"[24]

罗杰斯在耶鲁大学并没有学习工商管理专业，而是主修历史。当时，他不知道毕业后想从事什么职业，但现在回想起来，罗杰斯确信，学习历史为投资打下了良好基础。"历史中，唯一不变的就是永恒的变化。理解这一点，比在商学院学习详细的投资知识更有意义。"[25]

吉姆·罗杰斯在学习上投入了大量时间，同时，他也积极参加耶鲁大学的体育活动。最初一段时间，他是赛艇队的舵手，但后来，他放弃了这项运动，以便集中精力参加期末考试。他还在校园表演中找到了乐趣，甚至在一些戏剧中扮演过主角。"其中一出戏剧的导演是1961年毕业的约翰·班德汉姆。你能想象如果他找我担任电影的主角，这部作品会取得多大的成功吗？"[26] 这是罗杰斯对自己演技的评价，带着一点儿自嘲。

表演活动并没有影响罗杰斯专注于自己的学业。"自律为我带来了回报。我并不像其他人那样聪明，但我以优等生的身份毕业。毕业时，我和许多大学毕业生一样，完全不知道接下来要做什么。"[27]

于是，罗杰斯申请了几个不同专业的研究生，并大获成功：他被哈佛大学商学院、哈佛大学法学院以及耶鲁大学法学院同时录取。因为罗杰斯想多看看外面的世界，所以他也申请了海外的高校，并幸运地获得了去牛津大学贝利奥尔学院深造的机会。"这是一个出国的机会，而且读研究生有一个额外的好处——它让我接下来还有两年时间来决定今后要做什么。"[28]

但罗杰斯根本不需要两年的迷茫期。由于牛津大学的新学期要到秋季才开始，在此之前，他找了一份工作。社会上对耶鲁大学毕业生的需求量相当大，以至于各公司争相前来这所著名高校的校园里进行宣传和招聘。美国最古老的私人投资公司之一——多米尼克公司为罗杰斯提供了一份暑期工作，尽管招聘经理实际上一直在寻找一名全职雇员。"出于某种原因，可能是在乔[①]的力荐下，公司为我破例了，1964年夏天，我开始了华尔街的工作。当秋天我去牛津大学的时候，我已经清楚地知道我的余生想做什么。"[29]

---

① 指乔·卡乔蒂，罗杰斯曾与他面谈过。——译者注

求学牛津

（1964—1966）

在牛津大学研究生院，我意识到我更喜欢投资，而不是做一名企业家。[30]

1964年秋天，吉姆·罗杰斯开始在牛津大学贝利奥尔学院攻读研究生。他在那里学习哲学、政治和经济。但不知何故，年轻的罗杰斯觉得自己与那里格格不入。贝利奥尔学院都是精英学生，他们的目标是毕业后进入英国公务员系统或大学工作。金融市场和投资的话题在那里是完全被忽视的，正如罗杰斯的老师、经济学讲师威尔弗雷德·贝克曼教授对他说过的那样："我们这里通常不会有像你这样的人。我们不知道该如何对待你。这里的大多数人对股票市场没有丝毫的兴趣。对我们来说，金融中心伦敦并不重要。它与英国经济或世界经济有什么关系，没有人关心。"[31] 1965 年夏天，在学期间漫长的假期中，罗杰斯回到美国，继续在多米尼克公司工作。在那里，他获得了在场外交易市场和自由贸易业务方面的工作经验。

在牛津求学期间，罗杰斯得以追寻他最大的爱好之一——旅行。与耶鲁大学不同，牛津大学有长达 6 个星期的圣诞节和复活节假期，罗杰斯利用这段时间游历了欧洲和北非。在一次旅行中，他遇见并爱上了洛伊丝·比纳。"我们在一起的第三个圣诞节前夕，洛伊丝和我结婚了，尽管她的父母对我不是犹太人这件事感到非常不满意。"[32]

与在耶鲁时相同，罗杰斯在牛津大学始终保持着对赛艇运动的热情。他在牛津依然担任舵手，并在入学后第一年参加了著名的牛津剑桥赛艇对抗赛。1966 年，吉姆坐上了牛津大学赛艇项目代表队（也称"蓝队"）的赛艇。罗杰斯对 1966 年 3 月 26 日记忆犹新，因为在那一天，他掌舵的赛艇在泰晤士河上以巨大的领先取得了胜利。"1966 年，我们以 3.25 个船位的优势击败了剑桥。"[33]

罗杰斯通过他的环球旅行创造了更多吉尼斯世界纪录，这当然也可以被看作是一种体育成就。从 1990 年到 1992 年，他与当时的伴侣塔碧莎·伊斯特布鲁克骑着一辆宝马 1000cc 摩托车环游世界。在短短两年多的时间里，他们骑行了约 16 万公里。[36] 从 1999 年到 2001 年，他和当时的未婚妻佩奇开着一辆改装过的梅赛德斯－奔驰 SLK 汽车环游世界。他们途径 116 个国家，共行驶了 24.5 万公里。

罗杰斯也是一名活跃的长跑运动员，他在 56 岁时仍然积极参加马拉松赛事。"1998 年秋天，我连续第三次参加了纽约市马拉松比赛。"[37] 罗杰斯回忆道。

服兵役

(1966—1968)

从牛津大学毕业后，我服了一段时间兵役，在部队中，我最突出的表现是将指挥官的钱投资于股票，并帮他获得了丰厚的回报。[38]

罗杰斯在将他的第二个学士学位收入囊中后回到了美国，并应召入伍。尽管在当时的美国，不是每个人都需要服兵役，吉姆·罗杰斯还是服役两年。"1966年，马伦戈县没人逃过征兵。征兵委员会的成员只有一位女士，她的两个儿子都曾被征召入伍，并在之前的战争中牺牲，不是当时正在进行的越南战争。我强烈反对越战，这一立场本应是这位负责征兵的女士也坚持的，但她本人作为战争受害者的经历不但没有削弱，反而加强了她对冲突的支持。"[39]

吉姆·罗杰斯没有被派到越南战场。新兵训练结束后，他于1967年进入位于弗吉尼亚州李堡的军官候选人学校。他以全班第一的成绩完成了军校的学习，并被告知可以自主选择下一家服役单位。罗杰斯想离他的妻子洛伊丝近一点儿，洛伊丝当时正在纽约的哥伦比亚大学攻读博士学位。于是，他选择去纽约布鲁克林的汉密尔顿堡，在那里的军官俱乐部从事管理工作。那段时间，罗杰斯还为俱乐部的指挥官投资股票。"那是1968年，股票价格飙升。指挥官让我帮他投资，我同意了。我在1968年8月离开军队时，用现金归还了他的投资本金和利润。"[40]

> 附记 | 吉姆·罗杰斯——投资界的印第安纳·琼斯
>
> 无论在投资还是在个人生活方面，吉姆·罗杰斯都与其他典型的华尔街投资者不同。

早年，他利用广泛的投资工具，并不回避做空（即押注价格下跌）。"我们在世界各地做多和做空股票、大宗商品、货币和债券。我们在别人没有进行投资的地方投资，并在全球范围内探索未知市场。"[41] 此外，罗杰斯还是一个逆向思维者，他在投资时经常故意选择逆流而上。"当我没有随大溜时，我的投资结果通常是最好的。"[42]

在个人生活方面，他的行为也与众不同：他喜欢打领结，不系领带，空闲时喜欢穿机车服。在服兵役期间，他参加过在华盛顿举行的抗议游行，还参加过1969年的伍德斯托克音乐节。在音乐节现场，罗杰斯通过"借用"一件无人看管的保安外套进入了主舞台区。

因此，《时代》杂志在20世纪80年代称他为"投资界的印第安纳·琼斯"。罗杰斯似乎很喜欢这个称呼，他还在自己的一本书中使用过它："这是投资界的印第安纳·琼斯的又一次精彩的黑市交易。"[43]

在纽约的投资职业生涯

（1968—1980）

我在 1968 年以 600 美元进入市场，在 1980 年拿着数百万美元离开市场。[44]

学习期

1968 年秋天，退伍后的罗杰斯回到华尔街。他先后在巴赫、迪克－吉尔德、纽伯格－伯曼 [45] 等证券公司担任分析师。在这些短暂的工作中，他学到了很多知识，却从未感到自在。"我真的从人们身上学到了很多东西，但在那些公司里，我感到自己像一条离开水的鱼。在迪克－吉尔德公司，我整天研究增长率；在纽伯格－伯曼公司，我每分钟都在看股票大盘录像。我是一个投资者，不是一名交易员。我可以尝试便宜地买进一只股票，但绝不会轻易卖出。"[46] 1970 年，罗杰斯加入了布莱希罗德投资银行，"这是一家古老的由德国犹太人创办的投资银行，具有极高的专业水平。格尔松·布莱希罗德曾是俾斯麦的金融顾问"。[47]

支付学费

在投资生涯的早期，我犯过一些错误，我根据同事的意见做决定，而不是根据自己的研究来合理判断。这些投资中的每一项都出了问题。[48]

罗杰斯个人在股市的投资情况也不尽如人意。1970 年，罗杰斯投机做空，结果破产了。"当时我的钱非常少，因为我刚刚在股市中几乎失去了一切。我是华尔街的一个天真少年，是由做空导致破产的典型例子。"[49] 罗杰斯接受了投资失误带来的后果，并从中吸取了教训，"失去一切可能是一种宝贵的经验，因为它让你学会了你过去不知道的东西。而且，一个人如果能从一两次失败中恢复过来，从长远来看，这些失败给他带来的将会是更大的成功"。[50]

当时，吉姆·罗杰斯的个人生活状态也不尽如人意。"洛伊丝对我的工作强度表示出强烈的不满。我在办公室一坐就是 15 个小时，而她那个阶段正在哥伦比亚大学的校园里忙于参与学生示威活动。在校园里，华尔街的名声并不好。她不理解我的疯狂、活跃和雄心勃勃，而我想在华尔街发家致富。当我开始在布莱希罗德投资银行工作时，我们已经离婚了。"[51]

创办量子基金

我喜欢在这里的每一分钟。这里是我的
地盘。我一直在工作,有时一周工作 7 天。[52]

吉姆·罗杰斯是一位优秀的分析师。他
极其勤奋,一个人做了 6 个人的工作。[53]

在布莱希罗德的工作使罗杰斯进入了职业生涯
的上升期。他在那里认识了该公司当时的副总裁
乔治·索罗斯。"在布莱希罗德,我们共同负责一
只基金,即双鹰对冲基金,它利用了美国国内和
国外的巨大机会。"[54] 但就在他开始在布莱希罗德
工作后不久,这份基金管理的工作就出现了变化。

"由于行业的技术变化、新的监管限制，我们不得不从公司中分离出来，自己单干。布莱希罗德仍然是我们最重要的经纪商。"[55] 这次非自愿的独立创业促成了有史以来最传奇的对冲基金的诞生，并使吉姆·罗杰斯和乔治·索罗斯成为股市传奇投资人。

索罗斯和罗杰斯在中央公园附近的哥伦布街租了一间小办公室，成立了索罗斯基金，后改名为量子基金。为了合理避税，这只对冲基金是在荷属安的列斯群岛注册的。索罗斯负责管理基金，罗杰斯负责研究分析，另有一名秘书负责办公室工作。

量子基金成立于 1970 年，起始资金规模为 1 200 万美元。10 年后，资金规模已上升到 2.5 亿美元。在此期间，雇员人数从 3 人增加到 13 人。然后，罗杰斯做了一个非同寻常的决定。

退出基金业务

在与乔治·索罗斯创立量子基金的十年后，我认为是时候重新寻找自己的路了。[56]

在不到 15 年的时间里，我已经为退休积累了足够的财富。[57]

1980 年 5 月，年仅 37 岁的罗杰斯退出了量子基金，退休礼物是公司 20% 的股份，价值 1 400 万美元[58]。罗杰斯曾为这一行为进行解释，说他在 35 岁时已经计划退休了。而且，他也提到了促使他在 1980 年做出退休决定的具体原因。

1979 年，美国证券交易委员会调查了索罗斯操纵计算机科学公司股票价格一案。这次调查并没有导致罚款，但索罗斯向罗杰斯承认自己的确操纵了价格。这打破了两人之间的信任。"我不喜欢当时发生的事情。情况越来越复杂，有些做法让我很不喜欢，我也对一些新员工持怀疑态度。我只是不想冒这样的风险。我试图对抗，但没有任何意义。我是初级合伙人，所以我对自己说，好吧，到此为止吧。我将按计划退休，去过另一种生活。"[59]

> **附记 | 传说中的量子基金有何特别之处？**
>
> 量子基金是一只离岸对冲基金，面向不需要缴纳利息平衡税的海外投资者。该基金在荷属安的列斯群岛注册。[60]

量子基金在许多方面都很特别，远远领先于其时代。它被设计成一只对冲基金，这意味着，与正常的投资基金不同，该基金的投资可以通过做空来对冲。这类基金的另一个优点是费用可以自行确定。它不像其他基金那样受到法律的严格监管。

此外，由于量子基金是在"避税天堂"——荷属安的列斯群岛建立的，它可以享受税收优惠，这一点对投资者来说特别有吸引力。量子基金的另一个优势是投资的多样化。罗杰斯和索罗斯不仅投资20世纪70年代最流行的股票，而且还投资大宗商品和货币。

> 量子基金是一只对冲基金，也是富人们绝妙的投资伙伴。很多富人愿意用他们的钱来承担难以置信的高风险，只是为了更富有。[61]
>
> 要成为量子基金的成员，投资门槛是100万美元。根据大多数人的说法，索罗斯持有该基金 1/3 的股份。[62]

罗杰斯使用的是自上而下的分析方法，这意味着他要观察每个领域的经济发展趋势。只有当对该领域的评估结果是积极的时，他才会去关注相关的公司、大宗商品等，并进行投资。"我们对一家公司下一季度的收入或 1975 年铝的出口情况不感兴趣，我们对社会、经济和政治因素对一个行业或一组股票的未来将产生多大影响感兴趣。如果我们的研究结论和股票价格之间的差异很大，这对我们来说是好事，因为这样我们就可以赚钱了。"[63]

罗杰斯和索罗斯虽然不是对冲基金的发明者，但至少可以被称为对冲基金的先行者。对冲基金在 20 世纪 70 年代初的美国并不是很普遍，更别提在全球范围内。"1974 年，全世界只出现过少数几只对冲基金，而且大部分都已经倒闭了，因为在华尔街赚钱太难了。而剩下更少数存活下来的对冲基金则主要在美国境内投资。我们是唯一的国际对冲基金。"[64]

1974 年，当时还是量子基金初级合伙人的罗杰斯再次结婚。但据罗杰斯本人所说，"由于只专注于工作"[65]，他与珍妮弗·斯科尔尼克的婚姻也没有持续多久，二人于 1977 年离异。

环球旅行者、教授、电视主持人、作家和投资者（1980 年至今）

1980 年，我在 37 岁时退休，开启了另一段人生。这让我有时间进行思考。我除了渴望尝试不同的职业，还想骑着我的摩托车环游世界。[66]

在不到 15 年的时间里，我已经为退休积累了足够的财富。[67]

宣布退休后，罗杰斯很快明确了自己要做什么：骑着摩托车去旅行。在量子基金工作的十年来，他没有休息过一天。喜欢旅游的他在 20 世纪 80 年代（1986 年和 1988 年）骑着摩托车游历了美国和中国。第二次中国之旅结束后不久，他于1988年与当时的女友塔碧莎·埃斯特布鲁克一起驱车 8 000 多公里，穿越了巴基斯坦和印度。

1990—1992 年，罗杰斯将他骑着摩托车环游世界的愿望付诸实践。在此之前，他想方设法争取到了苏联的过境许可。在经历被官方多次拒绝后，他终于得到了渴望已久的签证。他听从一名旅行社雇员的建议，给苏联的一家旅行公司写信。几个月后，他收到了回信——他被苏联官方体育机构批准进行摩托车长途旅行。[68]"1990 年 3 月底，塔碧莎和我从爱尔兰开始了我们的旅行，骑摩托车穿越欧洲到达中亚，再一路向东，穿越中国。总之，我们骑行了22 个月，超过 16 万公里。我们的旅行跨越了五大洲的 50 多个国家，刷新了吉尼斯世界纪录。"[69]

1999—2002 年，罗杰斯进行了他的第二次环球旅行——与他的新伴侣佩奇·帕克一起。这一次，他们开着一辆改装过的亮黄色奔驰牌敞篷车，从冰岛启程。"这次旅行，我们穿越了 116 个国家，其中许多国家很少有人会去旅游。我们开车行驶了24.5万公里，刷新了另一项吉尼斯世界纪录。"[70]旅行中，他总是用投资者的视角来看待各个国家，他说："我回来后发现，这次旅行中我关闭的投资账户和新开的账户一样多。这与我之前在旅行中的情况截然不同，之前，我开了许多账户，却没有关闭任何账户。"[71]

第二次环游世界的高光时刻是2000年1月1日，在英国泰晤士河畔。千禧年的第一天，吉姆和佩奇结婚了。6个月后，当这对儿夫妇在新西兰旅行时，罗杰斯的父亲老詹姆斯·比兰·罗杰斯因癌症去世。

罗杰斯在量子基金工作期间是一个真正的工作狂，环球旅行期间，他也没闲着。他在一次聚会上收到了成为哥伦比亚大学商学院客座教授的邀请。在考虑了一段时间后，他给哥伦比亚大学商学院的院长打电话，接受了他的邀请："我和他说，我可以教授一门课程，为期一个学期，不收取任何费用。作为回报，我希望可以终身免费使用哥伦比亚大学的体育设施。过了一会儿，院长给我回电话，令我吃惊的是，他同意了我的要求。"[72]

吉姆·罗杰斯为高年级学生开设了一门实践课程。在第一堂课上，他向学生们解释了他的教学理念："我将把这门实践课程当作一份真正的工作。我是一个基金研究和投资部门的负责人，你们是我手下的分析师。我将把各个公司的情况交给你们进行分析，并告诉你们如何去做。"[73] 这门实践课程在学生中大受欢迎，也得到了沃伦·巴菲特[74] 的好评。巴菲特后来说，罗杰斯的课程轰动一时。

罗杰斯在教学方式上追随本杰明·格雷厄姆和大卫·多德[75] 的脚步（他们分别在 20 世纪 40 年代和 50 年代在哥伦比亚大学授课），将真实的投资世界带入了讲堂。[76] 在学期末的学生反馈中，罗杰斯广受好评。"我得到了最美妙、最热情的评价。从来没有人对我如此赞美过，有同学说：'这是我上过的最好的课。我们要尽一切努力让老师再次回来……'

我对学生们要求严格，他们对此心存感激。"[77]

罗杰斯非常喜欢教学工作，并在随后的几个学期继续教授这门课程。1988 年年底，哥伦比亚大学商学院的院长向罗杰斯提供了一个终身教授的职位，他接受了这个职位。然而，他只在这所大学担任了一年的全职教授。在 1990 年春天，他开始了第一次环球旅行。

除了在哥伦比亚大学的教学事业，吉姆·罗杰斯在 20 世纪 80 年代也有过当电视节目主持人的经历。在金融新闻网（FNN）的《与吉姆·罗杰斯谈利润动机》这档节目里，他每周连续 5 个工作日晚上作为主持人去采访嘉宾。在 WCBS 电视台，他主持了《德雷福斯圆桌会议》节目。几年后，当金融新闻网被美国消费者新闻与商业频道（CNBC）收购后，他主持了美国消费者新闻与商业频道的节目《我的投资组合》。"早在 1998 年，我就开始注意到很多股票的市场价格在下降。我开始每周出现在美国消费者新闻与商业频道的一个股票节目中，谈论大宗商品投资，谈论快速增长的中国经济将如何推动大宗商品需求的增长。当时，所有人都像看疯子一样看着我。"[78]后来的几年，罗杰斯继续作为美国各种商业节目的热门采访嘉宾活跃在荧屏上。

结束第一次环球旅行后，罗杰斯开启了另一项事业——成为一名作家。1995年，他出版了一本关于他在1990—1992年骑摩托车旅行的游记。在《旅行，人生最有价值的投资》一书中，他从一个投资者的角度向读者呈现了他在50多个国家的冒险之旅。他在《风险投资家环球游记》一书中再现了另一次驾车环游世界的经历。2003年，他出版了《终极公路旅行》一书。一年后，他又出版了《热门商品投资》一书，书中介绍了他在大宗商品领域的投资经验。随后，他在2007年出版了《投资大师罗杰斯给宝贝女儿的12封信》，作为送给女儿们的礼物。吉姆·罗杰斯的最新著作《街头智慧：罗杰斯的投资人生》于2013年出版，这本书具有很强的自传性质。

在图书、报刊文章和电视采访中，这位"投资界的印第安纳·琼斯"一直畅所欲言。"我习惯表达市场上不受欢迎的意见，这使我暴露在证券交易员和分析师的怀疑和愤怒之中，我触犯了他们的利益，让他们无法假装乐观并将这种乐观销售给他们的客户。"[79] 他的许多预测都实现了，包括2007年的美国房地产泡沫破裂和由此产生的全球性金融危机，但也有一些预测没有实现。

罗杰斯很不喜欢公共机构和政治家，他认为："政治家和官僚机构都是无能的。"[80] 在他的书中，他从不畏惧向美国政府、中央银行、司法机构、国际货币基金组织（IMF）、世界银行和"联合国大人物们"开炮。对非政府组织的官僚机构，罗杰斯的评价也不高。以下只是他诸多负面评价中的一小部分：

"科学家们目前正在取得巨大的成功，特别是在基因工程领域。总有一天他们会发现，所有的官僚机构都有一个共同的基因——有缺陷的基因。"[81]

"华盛顿的那些人组成了一个无能的管弦乐队，他们使国家处于病态。"[82]

"美国政府每个月都会发布一些经过篡改的数字，这些数字试图假装，按照世界标准，我们的生产力正在稳步增长。但真实的数字在不断地证明，美国没有竞争力，我们从国外进口的东西越来越多。"[83]

"在美国的历史上，共有三家中央银行。前两家已经消失，而第三家也注定会失败。"[84]

"法律诉讼是美国增长状态最健康的产业之一。"[85]

"我曾说过，国际货币基金组织和世界银行都应该被废除。这些都是官僚机构。它们在第二次世界大战后被创建，却早已偏离了最初的愿景。"[86]

"我们看到无数的联合国'大人物'开着装有四轮驱动的空调车到处跑。这些奉行官僚主义的无用之人到处都是，许多人已经在非洲待了好几年。'国际寄生虫'靠无休止的地方冲突为生，他们完全有理由让争端继续存在，而不是结束它们。"[87]

> "继可可之后，科特瓦迪最丰富的大宗商品出现于经济中心阿比让——非政府官僚组织。它们在这里以巨大的密度茁壮成长。"[88]
>
> "那些污染第三世界的非政府组织的官僚们很少长着当地人的面孔，他们往往是方圆几英里内唯一的白人。"[89]
>
> "我已经写过我对国际货币基金组织和世界银行的看法：它们应该被废除。"[90]
>
> "我对这个世界上那些自称是公务员的人持有强烈的怀疑态度。"[91]
>
> "如果你我像美国政府那样记账，我们就会被送进监狱。"[92]

即使在离开量子基金后，罗杰斯仍然是一名活跃的投资者。然而，他管理的不再是别人的资金，而是自己的资产。20世纪90年代末，罗杰斯越来越关注大宗商品。他向女儿们解释了自己当时为什么这样做："如果你们研究股票市场的历史，就会发现，股票市场和大宗商品市场的高峰期是交替出现的。从历史上看，一个交替周期在 15 到 23 年间。1999 年以来，大宗商品市场一直占上风，所以，我认为这一趋势将继续下去。按照历史趋势，这一高点将在 2014—2022 年的某个时候结束。"[93]

由于当时已有的大宗商品指数，如 CRB 商品指数、道琼斯大宗商品指数、路透 CRB 商品指数和高盛大宗商品指数，已经过时，且只针对美国市场，因此罗杰斯迅速开发了自己的指数，即罗杰斯国际大宗商品指数（缩写为 RICI）。[94] "人们急于进入过热的市场而忽视其他投资机会的时候，是投资收益最好的时候。1998 年股市泡沫期间，当大多数投资者完全忽视大宗商品时，我开发了一个大宗商品指数。"[95] 当罗杰斯在一年多之后进行他计划已久的第二次环球旅行时，他并不想完全放弃对大宗商品市场的投资，于是他创办了一只大宗商品指数基金："当我在非洲、西伯利亚或中国旅行时，从逻辑上讲，我不可能随时观察大宗商品市场的变化。然而，我不想错过一个鲜为人知的新牛市早期。所以我决定创办一只大宗商品指数基金。"[96]

罗杰斯创办的大宗商品指数基金在接下来的几年里发展非常好。然而，由于芝加哥大宗商品交易所最大的经纪公司美国瑞富公司在申请破产保护前非法转移客户资产，导致罗杰斯的指数基金受到牵连。2005年10月10日，瑞富宣告破产，罗杰斯交由瑞富独立存管的基金资产无法提取，总金额为3.62亿美元。随之而来的是一场又一场的诉讼，法庭程序拖了很久，这次追偿让吉姆·罗杰斯"老了好几岁"。"这是一次毁灭性的打击。一开始，事情特别令人沮丧。到最后，我已经筋疲力尽了。我在看那些年的照片时，都可以看出自己的衰老。"[97]2008年，瑞富前高管菲利普·班尼特被判处16年监禁，所有诉讼得以结案。罗杰斯解脱了，股东们也拿回了自己的钱。

同一时期，罗杰斯的个人生活却很顺利。2003年，他的女儿希尔顿·奥古斯塔·帕克·罗杰斯（昵称"快乐"）在纽约出生。他的第二个女儿贝兰·安德森·帕克·罗杰斯（昵称"小蜜蜂"）在2008年出生。两个女儿的出生使工作狂、环球旅行者吉姆·罗杰斯把重心放在了家庭。"我以往一直更重视工作和成功，但现在，带给我更多快乐的是我的家庭。"[98]

2008年，罗杰斯以1 600万美元的价格出售了他在纽约的豪华别墅，与他的家人一起搬到了新加坡。罗杰斯希望女儿们在未来前景最好的地区成长：[99]"世界上最大的债权国在亚洲，亚洲就是财富的所在。中国、日本、韩国、新加坡，这些都是充满活力和能量，且储蓄和投资回报率很高的地区。"[100]对他来说，孩子们学习中文特别重要。"如果一个人在1807年富有远见，就应该搬到伦敦；如果一个人在1907年富有远见，就应该搬到纽约；如果你在2007年富有远见，就应该搬到亚洲。"[101]

他选择新加坡而不是中国，是因为新加坡的大多数人也讲普通话，而且这里的空气质量比上海或香港更好。此外，罗杰斯认为，新加坡是一个繁荣的国家："新加坡获得了令人难以置信的成功。那里有如此多的财富和知识，我不认为在我的有生之年这些财富和知识会失效，除非这个国家犯下了什么严重的错误。在小蜜蜂（罗杰斯的二女儿）的有生之年也不会失效。嗯，那是很长一段时间，从今天起还有 100 年。"[102]

2019 年 4 月，这位"投资界的印第安纳·琼斯"获得了一项特殊的荣誉。吉姆·罗杰斯被位于韩国东南部的釜山国立大学授予了名誉哲学博士的学位，[103] 这是为了表彰罗杰斯独特的投资理念。[104]

第二部分

吉姆·罗杰斯的投资业绩

吉姆·罗杰斯之所以被誉为传奇投资人，是因为他在短时间内通过量子基金取得了惊人的投资成就。在他作为乔治·索罗斯的首席分析师和初级合伙人管理该基金的十年间，该基金增长到其原价值的34倍以上。尤其值得一提的是，所有这些都发生在美国股票市场疲软时期："1969年12月31日至1980年12月31日，量子基金增长了3 365%。相比之下，标准普尔500指数在同一时期只上涨了47%。"[105]（如表1所示）

表 1　量子基金与标准普尔 500 指数对比

	量子基金	标准普尔 500 指数
1970 年 1 月 1 日至 1980 年 12 月 31 日增值 [106]	+3 365 %	+47 %

索罗斯基金（1979 年之后被称为量子基金）于 1969 年推出，基金价值为 610 万美元。在 6 年内，这一价值几乎增加了 3 倍，于 1974 年达到 1 800 万美元。又过了 4 年，资金量首次上亿，达到 1.03 亿美元。1980 年，当罗杰斯退休时，该基金总价值为 3.81 亿美元。

量子基金产生的回报也很惊人："投资者如果在 1969 年，也就是量子基金成立的那一年，投资 10 万美元，并将所有的红利进一步投入基金中，那么在 1994 年春天，账户中就会有 1.3 亿美元——这相当于年平均增长率为 35%。" [107] 在收益好的年份，该基金的回报率超过 50%。在 1980 年，也就是罗杰斯退出的那一年，该基金的回报率高达 106.2%。

从 1970 年到 1980 年的这十年间，索罗斯和罗杰斯并肩工作，从未在哪一年亏损。华尔街对这两个人的评价越来越高。他们似乎比别人更清楚经济会如何发展。[108]

量子基金取得成功的主要受益者是一些富有的欧洲人，他们为量子基金提供了原始资金。要成为该基金的持有者，投资者必须至少投资 100 万美元。"这些人不用靠我们发财。他们本来就很富有，"吉姆·罗杰斯解释说，"但我们让他们更加富得流油。"[109] 索罗斯和罗杰斯的个人资产也水涨船高。1980 年，罗杰斯在离开量子基金时，拥有 20% 的股份，这些股份的价值不低于 1 400 万美元，而且还在持续增加。在本书写作之时，他的个人资产总值高达 3 亿美元。[110]

第三部分

吉姆·罗杰斯的投资策略

我们在世界各地做多和做空股票、大宗商品、货币和债券。我们在别人没有投资的地区进行投资，并在全球范围内探索新兴的市场。[111]

这句话很好地概述了吉姆·罗杰斯的投资策略。像我们"传奇投资人的智慧"系列图书中介绍的许多股市传奇人物一样，罗杰斯也投资股票和债券。然而，罗杰斯最出名的是他对大宗商品的投资、他的金融活动遍布全球、他对中国的偏爱，以及大胆且高风险的做空。在我们进一步讨论这些投资特色之前，我们将首先详细介绍投资者吉姆·罗杰斯的投资策略。

自上而下投资策略的代表

让我一直感到惊讶的是，竟然很少有人会核查他们做出关键决定所依据的信息。[112]

只有当你只投资于自己非常熟悉的事物时，你才有可能成为一名成功的投资者。[113]

罗杰斯的策略与本系列图书中其他几位股市传奇人物，如沃伦·巴菲特、查理·芒格、本杰明·格雷厄姆、彼得·林奇和约翰·邓普顿，有着根本的不同。这些价值投资者会根据公司的基本数据进行分析（自下而上的投资策略），罗杰斯则通过对宏观经济进行全面的分析而做出投资决策。

因此，约翰·特雷恩将罗杰斯描述为一个"自上而下的投资者"："特别成功的投资者有时会自己制定新的投资策略，代表人物就是吉姆·罗杰斯。他把赌注押在整个国家上。他知道一个国家的计划比一般的假设更有希望实现。在其他投资者还没有意识到这种交易策略在技术上可行时，他就下了赌注"。[114]

罗杰斯建议他的女儿们学习历史和哲学，就像他自己那样："我希望你们研究历史。我希望你们从宏观角度理解世界上正在发生的变化。我的意思是理解大局，理解世界是如何运作的。"在其他场合，罗杰斯解释了为什么他认为研究哲学也很重要，"我希望有一天你们可以研究哲学。如果你们想了解自己，或者想在生活中取得一些成就，就必须学会深层次地思考。大学时代对哲学的学习使我受益匪浅"。[115]

然而，罗杰斯不会在没有事先进行广泛研究的情况下做出投资决定。"只有当你只投资于自己非常熟悉的事物时，你才会成为一名成功的投资者。"[116] 即便是在罗杰斯退出量子基金后与其闹翻的索罗斯，也肯定了罗杰斯，认为他在量子基金的研究中一个人做了"6个人的工作"。[117]

罗杰斯善于借鉴广泛的信息。他说："当必须做出投资决定时，我会将金融媒体的信息与其他我可以找到的可用信息来源进行对比，如各类新闻报道、政府报告、国际组织报告、公司年报、竞争者意见等。"[118]

在做决定时，罗杰斯首先用他的"宏观眼镜"观察全局，收集某国或某大宗商品投资的宏观数据。第二步，罗杰斯用他的"微观眼镜"来寻找某国的具体投资项目，如一家特定的公司，或某大宗商品的某种适合投资的期货。换句话说，在微观层面上，他关注的也是一家公司或一种大宗商品的基本数据——就像价值投资者所做的那样。"投资者可以在任何时间投资任何东西，但如果对基本面的判断不对，就不会走得很远。投资者只有把基本面搞清楚了，才会在投资的道路上捷报频传。"[119] 然而，他通常不看一家公司的技术数据或图表分析："我在交易中通常不使用图表。"[120]

实践建议	如何使用自上而下的方法寻找有趣的投资项目

在寻找令人兴奋的投资机会时，首先请戴上"宏观眼镜"。你可以在以下领域寻找具备增长潜力的市场：

- 未来科技（例如：电动车、人工智能、可再生能源）。
- 有趣的大宗商品（例如：钯、作为食物的藻类和昆虫、作为医疗产品的大麻）。
- 新兴经济体（例如：中国）。
- 不再与某种标准挂钩的货币（例如：金本位或美元）。
- 新兴经济增长地区的房地产。

在经过广泛的研究后，选择一个或两个增长市场进一步考虑。然后请戴上"微观眼镜"，在选定的市场中寻找具体的投资。

假设投资者在深入研究的基础上确信电动汽车将是未来的热门技术领域之一，那么接下来，投资者就应该戴上"微观眼镜"，研究哪些公司在电动汽车领域表现活跃。例如：

- 领先的电动汽车生产商，如：特斯拉、雪铁龙、大众、现代、起亚或（中国公司）比亚迪（股市传奇人物沃伦·巴菲特已持有比亚迪股份数年）。

- 电池专家，如：三星SDI、松下和LG化学。

- 锂行业的大宗商品生产商，如：美国富美实公司（FMC），雅宝化学（Albemarl）和智利化工矿业公司（SQM）。

- 产销电池生产设备的机械工程公司，如：德国高科技工程公司亚智科技（Manz）和Aumann公司。

- 拥有创新生产设施的地区（如柏林附近的格林海德，它是特斯拉欧洲超级工厂所在地）和创新研究机构（如明斯特获得数十亿欧元资助的电池研究中心）也是可以考虑的投资对象。

在选择投资对象时，还要确保其基本财务指标的情况良好。如果选定的投资对象是一家公司，请关注以下关键指标，例如：

- 市盈率。

- 市净率。

- 市现率（股价与现金流比率）。

- 市销率。

- 股息率。

- 股票的内在价值。

如果某个国家为该领域提供了巨大的发展机会，投资者可以投资该国的成长型公司、政府债券或货币，此外，在国家的繁荣地区进行房地产投资也会很有趣。可以仔细研究一下房地产行业的投资机会（例如房地产、房地产基金、房地产行业的上市公司）。

就大宗商品而言，投资者要了解供应和需求的现实情况，判断某类大宗商品的价格是否有可能上涨。本书接下来有关投资大宗商品的章节将进一步介绍相关细节。

| 逆向思维者

逆流而上可能并不容易，但大部分成功人士用自身的经验证明了这一点。[121]

在我不随波逐流的时候，我的投资成绩往往最好。[122]

像其他许多传奇投资人一样，吉姆·罗杰斯不是一个随波逐流的人。他通过逆流而上，做出了自己最好的投资。作为投资者，我们如何学习借鉴？以下是几个逆向思维的例子。

| 实践建议 | 当街上所有人都在谈论一只股票时，你应该卖出它 |

> "当大部分人都持肯定态度时，我们应该保持怀疑。"[123]

罗杰斯建议在牛市中卖出，在熊市中买入："一个经验法则是，在众人极度乐观时卖出，在众人极度恐慌时买入。"[124] 这一规则被许多股市传奇人物认可，但在实践中，初学者往往很难在繁荣时期放弃表现良好的投资。

在德国，一个投资者极度乐观的典型例子是千禧年前后德国电信（Telekom）股票的价格走势。虽然 1996 年德国电信的开盘价还是 28.50 马克（相当于 14.57 欧元），但在 2000 年 3 月 3 日，经过两次超额认购，它的股价上升到令人难以置信的 103.50 欧元，上涨了 7 倍多。卖出德国电信股票的正确时机应该是在新千年伊始的某个时间点，但大多数投资者错过了这个理想的退出时机。2000 年年底，德国电信的股价只有 34.80 欧元。在股份疯狂上涨之前的几个月中，德国电信的股票已经成为酒吧里的热议话题。如果投资者遵循吉姆·罗杰斯的投资策略，那么他们最迟在那个阶段就必须卖出该股票。罗杰斯本人引用过一个美国的例子："传奇金融家、美国数位总统的金融顾问伯纳德·巴鲁克有一次在华尔街擦鞋，擦鞋童给了他一些热心的股票建议。巴鲁克回到他的办公室后立刻卖掉了所有相关的股票。" [125]

实践建议 | 如何从转机中获利

逆向思维者可能会投资那些濒临破产的公司的股票。这类公司的股票也值得仔细研究，有些情况下可以做出反潮流的投资决定。许多例子表明，濒临破产的公司在遇到转机后情况会好转。此类投资的另一个优势是，处于困境的公司的股票都很便宜，正如罗杰斯所说："一项投资别人听起来越是荒谬，其获利的机会有时就越高。" [126]

罗杰斯在 20 世纪 70 年代中期投资了洛克希德公司，当时该公司正处于破产边缘，他在一次投资者会议上遭到了大家的嘲笑。"我开始解释我们为什么持有洛克希德公司的股票，当时的价格大约是 2 美元，坐在桌子另一端的一个投资人大声强调他认为我的想法非常荒谬，并表达了对这种策略的鄙视。可在随后的几年里，洛克希德的股票价格上涨了 100 倍。"[127]

罗杰斯在海外投资中也经常逆潮流而动："20 世纪 90 年代末之前，很少有西方人投资中国，他们普遍认为中国缺乏投资机会。但在 20 世纪 80 年代，我就已经感觉到了中国的潜力，我决定更深入地了解中国，并将我所有的钱都投资在这个国家。"[128]

实践建议 | 做空——如何从股市暴跌中获利

"如果我和 100 位投资者坐在同一个房间里，而他们中的大多数人说，'伙计，这是我知道的最好的股票'，我常常就会想做空这只股票。"[129]

习惯于逆向思维的罗杰斯不仅投资即将破产的公司，还投资即将崩盘的股票、货币和大宗商品。为了做到这一点，他使用了一种特殊的投资方式——做空。"我们做空过英镑①。1980 年，黄金大涨，我们也选择了做空。"[130] 事实上，根据约翰·柴恩的说法，罗杰斯特别喜欢做空："罗杰斯喜欢做空，就像他喜欢买股票一样。也就是说，他卖掉他其实并没有持有的股票，希望以后以更便宜的价格买回来。"[131]

尽管罗杰斯在股市生涯的初始经历了一段磨合期，但他通过做空赚了很多钱，并且也非常清楚这些交易的风险。他说："做空不适合业余人士。做空需要参与者具备更多的专业知识，并且必须在投资前认真做好功课。只有消息灵通的人才能参与做空。"[132] 此外，他还说，"一旦操作失误，做空会在短时间内造成巨大损失"。[133]

罗杰斯也意识到，具有高度投机性并押注于负面趋势的做空往往会在公众中造成不好的

---

① 在 1976 年，英镑危机前不久。——译者注

影响："当有人向美国总统尼克松解释做空是如何运作时，尼克松曾谴责这个人不配当美国人。尼克松并不是历史上唯一认为做空者不爱国的政治领导人。拿破仑·波拿巴曾经把做空者当作叛徒关进监狱。"[134]

通过合理的做空，投资者可能获得高额的利润，罗杰斯认为，从经济角度来看，做空甚至是必要的。"做空对市场来说是必不可少的。它为市场提供了流动性和稳定性。"[135]

经验丰富的投资者吉姆·罗杰斯建议，做空前应该广泛地了解相关领域的知识。一些在线经纪商也为个人投资者提供做空服务。经纪商把股票借给投资者，并收取费用。德国 DAX 股票指数中的股票的借贷费用约为股价的 1% 至 2%。此外，做空者必须在其证券账户中存入金额相当于股票价格 25% 至 40% 的保证金。做空将持续数天。如果做空的股票价格如预期般下跌，做空者可以在证券交易所用更低的价格买回股票，然后还给经纪商。卖出价格和回购价格之间的差额，减去中间的各项费用，就是投资者的利润。

当做空的股票价格与预期相反（即上涨）时，投资者就会蒙受损失。投资者如果在价格上涨时持有做空股票时间过长，所造成的损失可能远远超过投资的本金。经纪商在约定日期前收回股票的情况也时有发生，其原因可能是价格的强烈波动，甚至是相关公司提出换股合并。

逆向思维者吉姆·罗杰斯给他的女儿（以及所有投资者）的建议是："逆流而上可能并不容易，但大部分成功人士用自身的经验证明了这一点。"[136]

大宗商品

如果投资者对大宗商品敬而远之，他们就可能会错失令人难以置信的好机会。[137]

根据研究报告《商品期货的事实和幻想》，在过去45年中，大宗商品比股票和债券更能对冲通货膨胀。[138]

股票价格可以下降到零。大宗商品的价格不能。[139]

当人们谈到投资时，许多人立即会想到股票，也有些人可能会想到房地产或基础设施建设。但很少有人在听到"投资"这个词时，会想到大宗商品。"太多所谓聪明的投资者认为，如果他们投资股票、债券和房地产，他们的投资就已经足够多样化了。对于有经验的人来说，也许外汇或木材会被考虑在内，但他们也很少考虑大宗商品。"[140]

大宗商品一直都在中央市场进行交易。"如果不考虑股票市场，大宗商品市场是世界上最大的市场。"[141] 今天，如能源、金属、粮食和牲畜等大宗商品是在中央大宗商品交易所或大宗商品期货交易所进行交易的。第一次有据可查的崩盘也发生在大宗商品市场——早在 1637 年，郁金香投机泡沫在荷兰破灭。著名的大型大宗商品交易所包括：

- 纽约商品期货交易所（NYMEX），这里进行贵金属、工业金属、能源产品、农产品和其他大宗商品的交易。

- 芝加哥期货交易所（CBOT），这里主要交易农产品的期货和期权。

- 欧洲期货交易所（Eurex），这里是世界第二大期权和期货交易所。

- 伦敦金属交易所（LME），工业金属如铝、镍、铜、铅、锡和镍都在这里交易。

- 洲际交易所（ICE），这里主要进行电力、能源和农产品的期权和期货交易。

大宗商品投资教父

　　每一个优秀的分散化投资组合里都应包含大宗商品投资。[142]

　　在大宗商品交易中，知识是通往利润的大门。[143]

吉姆·罗杰斯是大宗商品投资的倡导者。他在《热门商品投资》一书中对大宗商品交易进行了理论性阐述，该书德文版的副标题是"世界上最有吸引力的市场"。罗杰斯因为他的作品和个人成就被称为大宗商品投资教父。20 世纪 90 年代末，当全世界的投资者集体投资被高估的科技股时，罗杰斯预见了互联网泡沫的破灭，并四处寻找投资的替代品。"大多数人被一些价格惊人且持续上涨的科技龙头股所迷惑。当时，我注意到大多数股票的价格实际上正在出现下跌。我的兴趣随即从股票市场转回大宗商品市场和其他投资领域。"[144]

附记｜科技股进场，大宗商品退场

互联网泡沫破灭的 20 年后，人们可以再次观察到类似趋势。科技股备受追捧，而大宗商品在投资组合中几乎难见踪迹。2020 年 1 月 16 日，美国科技公司 Alphabet（谷歌母公司）成为历史上第四家股票市值突破 1 万亿美元的公司。2018 年夏天，苹果公司作为世界上第一家股票市值突破 1 万亿美元的公司而备受瞩目。紧随其后的是亚马逊和微软。引人关注的是，这些都是科技公司。同一时期，许多大宗商品的价格处于相对较低的水平。

1998 年，当世界上最大的经纪公司美林证券也退出大宗商品业务时，罗杰斯开发了一个大宗商品指数——罗杰斯国际大宗商品指数。基于这个大宗商品指数，罗杰斯还设立了一只大宗商品基金——罗杰斯大宗商品指数基金。

罗杰斯在投资生涯初期就投资大宗商品，并因此赚过不少钱："当熊市延续到20世纪70年代初时，我在大宗商品领域发现了许多好机会。"[145] 而在20世纪90年代末，罗杰斯再次大举投资大宗商品："当人们追逐过热的市场而忽略其他投资机会时，正是我赚钱的好时机。"[146]

与股票市场走势相反的大宗商品市场

从历史上看，大宗商品的价格变动趋势与股票、债券和其他证券的价格变动趋势反相关。[147]

当在股票投资中无法获利时，相当多的投资者在大宗商品领域赚了钱。[148]

当美林证券重新进入大宗商品市场，消费者新闻与商业频道在芝加哥现场报道大豆交易时，就是卖掉大宗商品，投资股票的时机。[149]

根据罗杰斯的说法，大宗商品的价格变动与股票市场的价格变动通常呈相反的走势。他引用了巴里·班尼斯特的一项长期研究："在过去的130年里，股票和大宗商品以有规律的周期性交替处于市场领先地位，一个周期平均持续18年。"[150]特别是当股票市场过热，投机泡沫有可能破灭时，投资者就更应该关注大宗商品市场。

> **实践建议** | **在股市的牛市阶段关注大宗商品市场**
>
> 　　即使无法提前精确计算出股市的投机泡沫（比如2000年3月的互联网泡沫或2007年的美国房地产泡沫及随后的金融危机）何时破灭，或者无法判断股市是否会长期处于牛市阶段，投资者也应该始终关注大宗商品市场。

大宗商品市场周期

　　人们在看投资市场的价格走势表时，会惊人地发现，上帝就像一名贪玩儿的交易员，他会在股票市场中玩耍18年左右，然后跳转到大宗商品市场，直到他对这个市场也感到厌倦，再转回股市。[151]

　　20世纪，大宗商品市场的熊市和牛市平均都会持续17～18年。[152]

　　作为一位"历史学家"，罗杰斯相信历史的趋势也适用于未来。他认为，股票市场和大宗商品市场交替处于高峰期。这种变化定期发生，周期有时是 17 ~ 18 年，有时则是 15 ~ 23 年。罗杰斯在 2009 年大胆预测："自 1999 年以来，大宗商品市场一直占上风，所以我预测这一趋势将继续下去。根据历史先例，这种上升趋势将在 2014—2022 年之间的某个时间结束。"[153]

实践建议 | 投资大宗商品要掌握周期发展规律

观察常见的大宗商品指数曲线图，例如罗杰斯国际大宗商品指数、彭博大宗商品指数和标普高盛大宗商品指数，我们可以发现，大宗商品市场的高点在 2014 年就已经结束。目前，国际大宗商品指数曲线呈横向移动的趋势，处于相对较低的水平。

请注意，即使指数曲线显示大宗商品市场处于熊市，投资个别与指数的发展趋势相反、前景乐观的大宗商品仍然是能够获利的。因此，应该先详细了解选定的大宗商品，如黄金、石油或牲畜，并在仔细分析后决定是否投资。

如何评估大宗商品投资市场

任何大宗商品市场的周期均可用最基本的经济概念——供需关系进行解释。[154]

如果供应量低，需求量高，且看不到供应量的上升趋势，那就万事俱备，此类大宗商品的投资者可以获利。[155]

在大宗商品交易所交易的大宗商品虽然种类繁多，但每种大宗商品的价格或价格趋势均由供需关系决定。如果某种大宗商品的供应量下降，而需求量保持不变，价格就会上升。例如，猪肉价格在2019年年底大幅上涨。这是由于非洲猪瘟在中国暴发，导致全球猪肉供应量滑坡。因为中国是世界上最大的猪肉生产国，全球猪肉生产量的恢复期需要若干年。

实践建议 | 如何判断供应量的未来发展趋势

为了评估某种大宗商品的供应情况，例如贵金属钯，我们可以思考以下几个问题：

- 目前全世界的钯金产量有多高？预计未来十年的发展情况如何？
- 钯金生产是否集中在某些国家？这些国家的政治与经济稳定性如何？
- 全世界钯金的库存有多高？
- 现有的钯金矿贮存量有多大？产能有多大？
- 是否还有其他亟待开发的钯金矿？
- 是否有人致力于在全世界范围内寻找新的钯金矿？
- 新的钯金矿需要多长时间才能进行开采？
- 开发新矿藏的成本有多高？
- 新开发的钯金矿何时可以面向市场正常产出？

在供应量不变甚至下降的情况下，大宗商品需求上升也会导致其价格上涨，锂的情况就是如此。生产电池需要这种金属。由于电动汽车领域的蓬勃发展，市场对电池的需求越来越大，对于锂的需求量也相应提升。锂的价格曾经一度上涨了3倍。不过，锂的价格后来还是下降了，因为生产量，也就是锂的供应量，已经大幅提升。

实践建议 | 如何判断需求量的未来发展趋势

为了评估某种大宗商品的需求情况，例如贵金属钯，我们可以思考以下几个问题：

· 贵金属钯在哪些领域应用最广泛？哪些行业对钯金的需求特别大？

· 这些行业在未来是否会继续对钯金有很高的需求，还是由于科技升级等原因，需求会下降？

· 是否存在需要应用钯金的新科技领域？这些领域是否会大大提高钯金的整体需求？

· 从功能上来看，是否有钯金的替代品？

投资者可以从哪里得到以上问题的答案呢？罗杰斯通常会利用美国商品调查局的《世界大宗商品市场年鉴》，该年鉴自 1939 年以来每年出版一版。"这部大宗商品交易商的'圣经'每年出版一版，从 1971 年起，我每年都会购买。"[156]

如果在广泛地研究之后确信，某种大宗商品的价格将会上涨，那么你就有充分的理由进行投资。然而，如果发现某种大宗商品的供应量将大幅上升，或者需求量在不久的将来会降低，你就不应该投资了；如果已经投资，就卖出。"当你读到关于发现新的石油资源或在大城市郊区建造风力发电站的新闻时，当你看到一系列新的矿井被开发时，当各种大宗商品的库存正在上升时，你应该注意到，这些都是供需关系有可能从根本上改变的迹象，此时，你应该把钱从大宗商品投资中撤出。"[157]

同理，如果发现市场对某种大宗商品的需求在不久的将来会下降，例如出现了更便宜的替代品，你就不要投资了；如果已经投资，就卖出。

研究大宗商品需要时间，投资者要认真对待，而不能临时抱佛脚。因此，罗杰斯建议，新手最初应将精力集中于少数大宗商品："我建议从小处着手，在一两个门类寻找机会，然后集中于这一两类大宗商品。"[158]

吉姆·罗杰斯最喜欢的大宗商品投资

投资大宗商品的方式有很多。在实践中，投资者通常并不会获得大宗商品本身（如猪肉），而只会获得相应大宗商品的所有权（如猪肉期货）。

期货

大宗商品交易和期货交易本质上是一回事。[159]

学习期货交易的术语非常重要，这样你才能关注最新的信息，以及在与经纪人交谈时理解他们。但是，也不要过度关注术语。

人们可以在不了解术语的情况下投资大宗商品，正如人们可以在不了解股票名称缩写和代码的情况下投资股票。[160]

期货是标准化的合约，合约双方承诺在未来某个日期以特定的价格交付或支付某种商品（如猪肉、股票或外汇）。期货分为金融期货和大宗商品期货两大类。自 16 世纪以来，大宗商品期货已于阿姆斯特丹的谷物交易中闻名。1732 年，第一家大宗商品期货交易所堂岛大米交易所在日本大阪成立。

大宗商品期货可以在大宗商品期货交易所进行交易，也可以通过银行或经纪商的证券账户交易。投资者在购买期货合约时，平均需要支付合约价格 5% 至 10% 的保证金。在实践中，期货几乎只被用于投机，因此，只有不到 3% 的期货是通过实际交易来实现的。绝大多数期货在到期前会通过平仓交易（买入或卖出）进行结算。

大宗商品期货交易可以为投资者带来比传统股票交易高得多的利润。"在过去的 43 年里，大宗商品期货不仅比大宗商品生产公司的股票利润更高，甚至曾为投资者带来过 3 倍于本金的回报。"[161] 但正如股票市场上的一句老话所说：更高的利润总是伴随着更高的风险。在期货方面，风险由几个因素共同构成。第一，期货是杠杆产品，风险天然更高。在期货合约中，买方不支付合约的名义价值，只支付保证金，而保证金只是名义价值的一小部分。如果期货表现良好，即相关大宗商品的价格上涨，那么买方可以在卖出期货（平仓）时收取全部利润。

例如，一位投资者买了 10 份可可期货合约（每份 100 吨可可），每吨可可价值 100 欧元，合约价值为 10 万欧元。他只支付 10% 的保证金，即 1 万欧元，就获得了这些期货合约。如果可可的价格上涨 10%，达到 110 欧元 / 吨，他的利润就是 1 万欧元（10 份合约 × 100 吨 / 份 × 10 欧元 / 吨），也就是回报率为 100%。在这种情况下，杠杆率（即合同价值除以保证金）相当于投资资本的 10 倍。

然而，杠杆也存在反向作用：如果可可的价格下跌 10%，达到 90 欧元 / 吨，他的损失就是 1 万欧元［10 份合约 ×100 吨 / 份 ×（−10）欧元 / 吨］，也就是说，全部保证金都会损失。如果可可价格下跌至 60 欧元 / 吨（例如由于主要种植区的收成创纪录），他就损失了 4 万欧元［10 份合约 ×100 吨 / 份 ×（−40）欧元 / 吨］。在这种情况下，他不仅失去了 1 万欧元的保证金，还必须向大宗商品期货交易所额外支付 3 万欧元。

除了杠杆效应，大宗商品期货交易在某些情况下还存在难以预测的不确定性风险。例如：突发性的政治动荡，这可能导致一个拥有大量铜储量的国家在较长时间内被迫关闭矿场；不稳定的能源供应也会导致大宗商品生产的中断；植物原料的产量在很大程度上取决于生产国的天气条件，寄生虫的侵袭也会导致重大损失；非洲猪瘟等流行病的暴发也会导致特定品类大宗商品的短缺，使其价格上涨。

大宗商品期货的投资者还应该关注相关的货币风险。许多大宗商品，如石油和黄金，是以美元进行交易的。如果欧元对美元贬值，石油或黄金期货对欧元投资者来说将变得更加昂贵。这仅仅是因为货币价格的下降。

大宗商品期货交易的另一个风险是所谓的滚动损失。由于大宗商品期货的合约期限是特定的，投资者必须在到期前进行平仓操作。如果不这样做，投资者将只能接受大宗商品的实物交割。如果想延长投资期限，投资者必须购买合约期限更长的新期货。这个过程被称为"滚动交割"。通常情况下，合约期限更长的新期货比老期货贵。因此，当想要延长投资期限时，投资者将承担滚动损失。

尽管存在风险，但期货蕴藏着巨大的盈利机会。吉姆·罗杰斯认为期货的风险是可以控制的。"你如果做了功课，保持理智和责任心，就可以在大宗商品市场上进行投资，并且你承担的风险可能比在股票市场承担的风险小。"[162] 但是，在投资者向大宗商品市场迈出第一步之前，我们强烈建议使用一些经纪商和托管银行提供的免费模拟账户进行模拟投资练习。投资者可以用这种方式熟悉操作平台，免费且无风险地尝试投资策略。在选择模拟账户时，投资者需注意不同供应商从免费模拟账户转换到真实版本时应支付的费用。

交易所交易商品（ETC）

"研究表明，对大多数人而言，指数基金是最实惠、最明智的投资选择，因为指数基金在历史上的表现超过了 2/3 的主动管理型基金。"[163]

交易所交易商品是一种在交易所交易的大宗商品证券。与股票市场上的交易型开放式指数基金（ETF）类似，交易所交易商品以一对一的方式追踪大宗商品指数，例如罗杰斯国际大宗商品指数。交易所交易商品追踪的国际上常见的大宗商品指数包括：

- 罗杰斯国际大宗商品指数 [164]
- 彭博商品指数 [165]
- 德国商业银行 EW 商品指数 [166]
- 路透 CRB 商品指数 [167]
- 瑞银彭博 CMCI 指数 [168]
- 德意志银行流动商品指数 [169]
- 标普高盛商品指数（原高盛大宗商品指数） [170]

大宗商品市场的其他投资方式

在有关大宗商品投资的著作中，罗杰斯提到过大宗商品市场的其他投资方式，这些方式大多是间接投资：

- 购买大宗商品生产公司的股票（例如，力拓集团、必和必拓、英美资源集团、紫金矿业、西方石油公司、巴里克黄金公司和 Mondi 集团）或其供应商公司的股票。

- 投资大宗商品的主要生产国家（例如，投资加拿大或澳大利亚的政府债券）。在罗杰斯看来，对大宗商品丰富但政治不稳定的新兴市场进行投资风险更大，如巴西、智利、委内瑞拉和马来西亚。罗杰斯建议不要在俄罗斯、尼日利亚和南非投资。

- 在大宗商品资源丰富的国家购买房产。罗杰斯曾说，"如果几年前在加拿大、新西兰、澳大利亚或智利等资源丰富的国家购买了房产，投资者的资本就会成倍增加"。[171]

- 投资大宗商品指数基金和主动管理型大宗商品基金。

除了这些直接或间接投资大宗商品市场的形式，还有一些其他大宗商品的投资方式，如差价合约、大宗商品期货和期权等。

实践建议 | 先了解大宗商品市场，再进行投资

对新手投资者来说，因为价格的高波动性、杠杆效应和保证金等原因，投资大宗商品是一个有风险的行为。但另一方面，大宗商品市场也蕴藏着巨大的盈利机会。因此，罗杰斯建议投资者先花足够的时间来了解大宗商品市场："无论你想以哪种方式投资大宗商品，无论是大宗商品基金或指数基金，还是亲自进行期货交易，你都应该了解大宗商品市场是如何运作的。事实上，我认为，了解大宗商品市场，也会帮助你在其他投资领域做得更好。"[172]

全球投资

　　到处旅行，看看世界，这将让你的视野扩大许多倍。如果想了解自己和祖国，你就到世界各地去旅行。[173]

　　要想判断一个国家是否出了问题，或者它的情况有多糟，你就去逛逛当地的黑市，一定会很受启发。[174]

　　罗杰斯不仅因量子基金和大宗商品投资而闻名，还因环球旅行而被大众熟知。他为两次环球旅行撰写的游记后来成了畅销书。在《旅行，人生最有价值的投资》（1994年）和《风险投资家环球游记》（2003年）中，他描述了自己的旅行经历，但也不忘从投资者的角度对他所游历的国家进行了观察和评估。"作为一名投资者，我想了解中国、非洲国家和南美洲国家的市场，只要有机会，我就想寻找有前途的股票市场。我已经在奥地利、博茨瓦纳、秘鲁等国的股票市场上赚到了钱，毫无疑问，我还会找到新的有潜力的市场。"[175]

然而，罗杰斯也记录了他在纳米比亚旅行期间的一个并不成功的投资经验："在纳米比亚，一个走私者找到我。他告诉我，有人从安哥拉走私钻石，到南非约翰内斯堡以每克拉500美元的价格出售。他说这些钻石价值每克拉7万美元。我给了他500美元，并沾沾自喜地以为，这是我作为'投资界的印第安纳·琼斯'进行的另一笔聪明的黑市交易。后来，坦桑尼亚的一位钻石商向我坦言，我买的都是玻璃。"[176]

这位"投资界的印第安纳·琼斯"如何评估各国的潜在投资机会？他的观点是，投资者应该亲自考察各个国家:"仅仅阅读报纸和杂志上的文章是不够的,你必须亲自前往目标国家进行考察。比如,看看是否存在外汇黑市。如果有,你们就该知道这个国家有问题。"[177]

评估国家经济潜力的另外一些标准是法律的确定性和政府提供的经济支持程度,包括"那里的法律是否得到尊重?政府是否存在腐败问题?法律制度是否促进了有道德的企业间的正常贸易?"。[178]

罗杰斯还采取过非常规的方法来获取海外国家的市场信息。"我知道,与妓院经理或黑市商人交谈,比与政府部长交谈更能了解一个国家。如果想了解一个国家,你就必须跨越'边界'。"[179]

罗杰斯经常在他游历过的国家进行投资。例如,由于非洲国家的股票通常不能在网上购买,他为此专门在当地开设了一个托管账户。罗杰斯说:"我在国际投资,尤其是海外新兴市场投资方面的基本原则之一是,在该国最大的银行开设一个投资账户。即使银行陷入困境,我也不会失去全部资金，因为这些银行往往会被政府接管。"[180]

实践建议 | 看向远方

只关注国内市场的投资者限制了自己的选择。更重要的是，如果在全球范围内投资，投资者可以分散风险，即使国内市场停滞不前，也可以在海外市场上获得利润。因此，我们应该关注邻国甚至更多国家的股票市场。

在海外股票市场上市的许多公司其实对我们来说并不陌生，它们往往也在我们所在的国家提供商品和服务。例如：亚马逊、苹果和Alphabet（美国），ABB和雀巢（瑞士），米其林和标致（法国），海尼根和飞利浦（荷兰），易捷航空和帝亚吉欧（英国），三星和现代汽车（韩国），丰田汽车和佳能（日本）。

在投资海外股票之前，投资者要了解相关国家的费用情况，如第三方费用和税务，如果在使用其他货币的国家投资，还必须考虑到汇率的波动。

请注意，尽管当今的股票交易几乎全部在网上进行，但许多证券交易所，特别是拉丁美洲、南美洲、非洲和亚洲的一些证券交易所还不能通过网上银行进行交易。目前，投资者可以通过在线平台，如 Lynx、S Broker、Comdirect、Maxblue 和 Consorsbank，在大约 30 个国家的证券交易所购买股票。

未来在中国

近 30 年来，中国一直是世界上经济增长速度最快的国家。中国有 14 亿人口，储蓄和投资率超过了 35%，而且拥有世界上最大的外汇储备。中国有望成为未来的第一强国。[181]

中国人是世界上最能干的创业者和投资者。中华民族是一个有着悠久创业史的民族。[182]

如果中国是一家大公司，你不得不说，它的基础就很好。[183]

吉姆·罗杰斯不仅作为大宗商品投资的先行者被称为传奇投资人，而且作为中国经济的狂热粉丝而闻名。他多年前的信条就是"中国将成为世界强国"。[184] 他对中国极为推崇，甚至让他的两个女儿在英语和普通话的双语环境中成长。"我非常看好中国的未来，所以，我给 2003 年出生的女儿快乐从小就请了讲中文的保姆。"[185] 罗杰斯说。在他的二女儿小蜜蜂出生后不久，他们一家于 2008 年搬到了新加坡。英语和普通话都是那里的官方语言。

罗杰斯曾数次前往中国，并被这个国家的快速发展所吸引。罗杰斯说："每次到中国，我都认为自己来到了一个完全不同的国家。"[186] 在搬到新加坡前的 2007 年，他写了《中国牛市》一书。在这本书中，他介绍了投资者应如何将资金投入中国股票市场，并从中国的繁荣中获利。他说："中国的投资环境相对安全。Political Risk Service Group 是一家在分析投资风险方面处于领先地位的公司，自 2001 年以来，该公司一直将中国列为'低风险'国家。"[187]

罗杰斯还看到了中国经济和中国企业的巨大发展潜力："我对中国市场的信心来自中国有许多强大的企业，它们刚刚意识到自己潜力无限。"[188]

清单

像吉姆·罗杰斯一样投资

与"传奇投资人的智慧"系列中介绍沃伦·巴菲特、查理·芒格、本杰明·格雷厄姆、约翰·邓普顿和彼得·林奇的书一样，我们将在本书中把吉姆·罗杰斯的投资策略总结成一份方法清单，供读者参考。如果想掌握"投资界的印第安纳·琼斯"的投资方法，这份清单将为你提供系统的帮助，同时有助于规避错误。

1　广泛寻找投资机会。如果股票市场表现不佳，可以看看其他市场，如大宗商品市场和房地产市场。

2 化拙为巧，在股市泡沫破灭、股价呈长期下跌趋势时考虑做空。这样，投资者即使在熊市也可以盈利。

3 在寻找有价值的投资时，首先戴上"宏观眼镜"，系统地留意有吸引力的增长市场。广泛了解未来的趋势，考虑哪些公司、国家和地区可以从这些趋势中受益。

4 一旦确定了具有未来前景的市场，投资者就要对其进行详细分析。戴上"微观眼镜"，研究具体投资对象的基础数据和财务指标。

5 不要盲目信赖同事、朋友，或者互联网上的投资建议。如果你认为这些建议很有趣，请仔细研究，用非常谨慎的态度。

6 多花时间分析潜在投资机会。"没有痛苦，就没有收获！"这句话同样适用于投资。筛选出所有你能找到的关于投资对象的材料，并检查其准确性。

7 不要只跟随热门的投资潮流，要学会逆流而上，比如专门搜索市场上的冷门投资机会。例如，分析那些陷入困境的公司，判断是否有明确的迹象表明这些公司能够扭转局面。如果有，那就投资吧。

8　在其他人恐慌卖出时买入；在其他人疯狂买入时卖出。

9　要始终关注大宗商品市场。尤其当股市处于熊市阶段时，大宗商品市场往往会提供更好的投资机会。

10　积极寻找国界之外的投资机会。邻国和其他更远的国家也有值得投资的有趣的公司。

11　投资中国。中国有巨大的发展潜力。

12　让旅行帮你拓宽视野。多旅行，留意可能的投资。

术语表

美国存托凭证（ADRs）

美国商业银行为协助他国证券在美国交易而发行的一种可转让证书，通常代表非美国的可公开交易的股票和债券。

股票

以书面确认的形式证明股份公司股份的一种有价证券。股票的所有者（股东）是股份公司的出资人。股份公司通过向股东出售股份来筹集股本。

股票基金

由基金经理管理的一种专门投资于各种股票的基金。股票基金中的股票可以在资本市场上进行交易。除了股票基金，还有房地产基金、养老基金和混合基金等。

股份公司

一种具有独立法人资格的商业公司。股份公司将其股本划分为股份，上市股份公司在证券交易所登记，并通过证券交易所出售或回购股票。

股票指数

显示一个股票市场或一组股票价格表现的指示数字。德国最著名的股票指数是 DAX 指数，显示了德国 30 家最大的上市公司的股价表现。DAX 指数诞生于 1988 年 7 月 1 日。其他德国股票指数有 MDAX 指数、SDAX 指数和 TecDAX 指数。美国著名的股票指数有道琼斯工业平均指数（诞生于 1897 年）和标准普尔 500 指数。日经指数追踪 225 家最重要的日本公司的股价表现。

股票期权

在期货交易所交易的股票合同约定权利。股票期权有固定期限。买入期权（看涨期权）和卖出期权（看跌期权）之间存在区别。买入期权约定在期权期限内以特定的价格（行权价）购买特定数量股票的权利。卖出期权与之相反，用于以较少的资本投资在下跌的市场中获利。卖出期权可用于对冲股票投资组合的价格下跌。

债券

一种具有固定期限的有价证券，收益方式通常为固定收益。发行债券的目的在于筹集外部资本。在债券期限结束时，债券发行机构将按照债券的面值偿还资金，利息通常每年支付一次。发行债券的主体可以是公司、各级政府、银行等。

债券基金

主要投资债券（也称固定收入证券）的投资基金。

套利交易

一种利用时间和（或）空间方面的价格差异获取收益的交易形式。比如，如果同一只股票在多家证券交易所的价格不同，那么投资者可以在价格较便宜的证券交易所购买，然后立即在价格较高的证券交易所出售。然而，随着在线交易的普及以及市场透明度的不断提高，套利交易在证券交易中的意义已经越来越小。

资产

即财产。通常情况下，投资者将财产配置为不同的资产类别，例如股票、债券、房地产等。

熊市

股市长期低迷的阶段。

伯纳德·巴鲁克

美国金融家、股市投机者、政治顾问和慈善家，由于在纽约证券交易所的成功被誉为"华尔街之王"。巴鲁克曾任多位美国总统的政治顾问，其间也担任过英国首相温斯顿·丘吉尔的顾问，他的政治顾问生涯一直持续到生命的最后一刻。

资产负债表

在企业管理中，资产负债表被视为一家公司在特定时间点（资产负债表日）的资产和负债的比较方式。资产负债表的资产栏提供有关资产构成的信息，而负债栏则记录资金的来源（融资）。

蓝筹股

指长期稳定增长的大型上市股份公司的股票。在德国，蓝筹股包括德国 DAX 股票指数中的 30 家公司的股票，如戴姆勒、西门子、巴斯夫等。

证券交易所

股票（或其他金融商品）交易的场所。国际上知名的证券交易所有纽约证券交易所、伦敦证券交易所和东京证券交易所等。

自下而上策略

自下而上策略的倡导者专注于对公司本身及其股票进行分析，在制定购买决策时不受宏观经济趋势和市场预测的影响。自下而上策略的代表之一是约翰·邓普顿。

经纪人

指为客户购买和出售股票的人，以及为客户管理证券并执行相应订单的存款银行，通过电话、传真或互联网接受和处理客户订单的直销银行等金融机构。

账面价值

公司资产负债表上的一种财务指标。从数学角度来看，账面价值是公司总资产与总负债之间的差额。

沃伦·巴菲特

一位美国价值投资大师，生于 1930 年 8 月 30 日。他是著名的投资公司伯克希尔 – 哈撒韦的创始人，该公司的 A 股是目前为止世界上最昂贵的上市公司股票。

牛市

股票价格长期持续上涨的时期。

现金流

衡量一家公司的流动性的财务指标，指一家公司的现金流入和流出之间的差异。

图表分析

也称技术分析，指的是借助股票历史与当下的价格走势对其未来走势与发展情况进行评估和推断。

差价合约

一种支付协议，属于金融衍生品。差价合约的价值来自买入和卖出差价合约时的相关资产（如股票、大宗商品或货币）的价格差异。差价合约允许交易者在不拥有相关资产的情况下对价格上涨和下跌进行投注。近年来，差价合约在大宗商品交易领域应用得越来越广泛。差价合约交易具有高度的投机性，潜在回报诱人，但风险也很高。差价合约是杠杆金融产品，交易者能够以较小的投入撬动较大的资金。

逆向思维者

指不循规蹈矩、逆流而上、逆周期而行的人。吉姆·罗杰斯是一位逆向思维者，他建议投资者在别人卖出时买入，在别人买入时卖出。

账户

存放股票、基金、权证等有价证券的托管账户。账户由银行和金融服务机构进行管理。

金融衍生品

指基于基础金融工具的金融合约，其价值取决于一种或多种基础资产或指数，合约的基本种类包括远期合约、期货、掉期和期权。金融衍生品的交易结果取决于交易者对基础金融工具未来价格的预测和判断的准确程度。

德国 DAX 股票指数

由 30 只最大、销售情况最好的德国股票组成，被视为德国股票市场发展的引领性指数。德国 DAX 股票指数是一个业绩指数，也就是说，公司资本和股息的变化都包含在该指数的计算之中。人们会对 DAX 30 指数的组成定期进行检查并在必要时进行修正。

多元化

一种投资方法。为了降低亏损风险，投资者可在不同的股票或资产类别（股票、债券、基金）之间分配可用资金，并确保这些投资不会在不同的证券交易市场上以相同的方式做出反应。然而，沃伦·巴菲特一再强调不要过度多元化，因为这种多元化的方法同样会稀释业绩。

股息

股份公司在股东大会上做出的利润分配决议。就德国股份公司而言，这些被分配的利润通常会在股东大会召开之后的第三个工作日支付给股东。在德国，股息通常每年支付一次。在美国，股息通常每年支付 4 次。除此之外，股息支付还有一个很重要的因素是股权登记日，即股东必须在某一特定日期或该日期之前在自己的账户中持有该公司的股票。

股息收益率

一种财务指标，用于衡量股份公司的股息金额与市场价值的关系。目前德国 DAX 股票指数包含的公司股息率在 0 到 5% 之间。

股息收益率 = 每股股息 / 每股股价 × 100%

大卫·多德

美国经济学家、投资者，生于 1895 年 8 月 23 日，逝于 1988 年 9 月 18 日。他与哥伦比亚大学的本杰明·格雷厄姆一起提出了著名的价值投资理论。

道琼斯工业平均指数

一个美国的股票指数，简称道琼斯指数。它是世界上最古老的股票指数之一，由查尔斯·道于 1884 年编制，包括 30 家美国规模最大的上市公司。道琼斯工业平均指数是一个价格指数。

自有资本

即公司的资产减去负债。换句话说，自有资本是公司创始人带入公司的资本加上公司剩余的利润。与自有资本相对的是外部资本。

自有资本比率

一种衡量自有资本与公司总资本之间比率的财务指

标。它可以显示公司的资本结构，从而传递出有关公司信誉的信息。公司的自有资本比率与公司所在行业有很大的关联。

自有资本比率 = 自有资本 / 总资本 ×100%

净资产收益率

一种财务指标，代表公司财务报告期间的股权收益。

净资产收益率 = 报告期净利润 / 报告期末净资产 ×100%

新兴市场

指发展中国家的市场，如中国、巴西、墨西哥、土耳其及俄罗斯等国的市场。新兴市场存在投资风险，但也蕴藏了大量机会。

发行人

发行证券的主体，包括公司、银行、保险公司、政府等。发行人所发行的证券可以是股票或债券。

交易所交易商品（ETC）

一种在交易所交易的大宗商品证券。交易所交易商品的一个特殊类别是贵金属 ETC，这种证券通常以标的物（如黄金）作为抵押。

交易型开放式指数基金（ETF）

一种投资基金，其资产结构基于一个指数的组成和权重。由于不需要庞大的分析师团队进行管理，交易型开放式指数基金的管理成本很低。交易型开放式指数基金可以包含所有资产类别：股票、大宗商品、债券、信用衍生品和货币市场指数。

财务指标

用于评估公司经济效益的比率，如股息收益率、自有资本比率、自有资本收益率、市盈率、市净率、市现率、市销率等。

基金

源于拉丁语，原意是土地、土壤。在经济领域，指为一定目的而设立的具有一定数量的资金。

基金经理

投资基金的管理者被称为基金经理，其职责是尽可能地利用基金的资产进行安全、高收益的投资。基金经理在投资条件、投资原则和法定投资限额的框架内做出投资决定。最成功的基金经理有彼得·林奇、约翰·邓普顿。

外部资本

即公司从外部投资者那里获得的资本，由公司的负债和准备金组成，比如贷款、抵押、供应商信贷，或者公司在资产负债表中为未来负债预留的资本等。与外部资本相对应的是自有资本。

基本面分析

指根据基本财务数据对股票或公司进行的分析，例如评估其自有资本比率、市盈率、股息收益率等。基本面分析需要对公司的财务指标进行计算和阐释，它的另一个变体是价值投资。

合并

两家或多家原本独立的公司融合为一家公司。

期货

约定在未来某一特定日期以特定价格购买或出售特定数量商品的合约。股票期货也被称为金融期货。根据合约标的（即基础资产，如股票、小麦或镍）的不同，期货可分为金融期货和大宗商品期货。

全球存托凭证（GDR）

存托凭证的一种，也称国际存托凭证。与美国存托凭证不同，全球存托凭证在全球范围内的两个或多个国家公开发行。全球存托凭证是作为未在国内证券交易所上市的海外股票的替代品而交易的。

投资收益率

一种财务指标，代表公司所使用的全部资本（包含自有资本与外部资本）的收益率。10% 的投资收益率意味着一家公司每使用 100 欧元的资本就能获得 10 欧元的利润。

投资收益率 =（利润 + 外部资本收益）/ 总资本 ×100%

平仓

交易者买入或卖出金融衍生品、证券或外汇头寸，以了结持仓的交易行为。

本杰明·格雷厄姆

生于 1894 年 5 月 9 日，逝于 1976 年 9 月 21 日，美国经济学家、投资者。他与大卫·多德一起，在纽约哥伦比亚大学提出了基本面分析的概念。他的学生包括后来创造了股票市场传奇的知名投资者约翰·邓普顿和沃伦·巴菲特。

H 股

指在香港证券交易所上市交易的中国内地公司的股票。H 股以港币交易，对全球投资者开放。

杠杆产品

通过使用外部资本，金融工具的回报率可以被杠杆化（即放大）。在投资领域，杠杆化可以通过金融衍生品实现，例如期货、期权或差价合约。如果标的资产的价格向预期的方向发展，投资者的收益就会被杠杆放大。如果情况相反，投资者的损失也会被杠杆放大。

对冲基金

一种采用对冲交易手段的投资基金，投资政策相对宽松，操作方法相对自由。对冲基金经常投资于金融衍生生品，这些金融衍生品的杠杆效应既可以使投资者获得更高的利润，也让投资者承担了更高的损失风险。

指数基金

跟踪股票指数（如德国 DAX 股票指数、道琼斯工业平均指数、纳斯达克指数等）的投资基金。

内在价值

一个价值投资领域的财务术语，表示基于对资产负债表的分析或对财务指标的计算而得出的一家公司的合适价值。在考虑到安全边际的情况下，如果一家公司的内在价值高于当前的市场价格，该公司的股票就值得购买。

投资基金

一种通过公开发售基金份额募集资本进行投资的基金。根据资产类别的不同,投资基金可分为股票基金、房地产基金，以及债券基金等。此外，还有投资于多种资产类别的混合型基金和投资于其他基金份额的基金中的基金（FOF）。

投资基金分为由基金经理主动管理的主动管理型基金

和被动管理型基金两种类型。基金经理是专业的资产管理者，负责选择构成基金资产的证券及其数量。基金管理的目的是为了实现基金资产高于平均水平的增长。被动管理型基金与指数（例如股票指数、债券指数或黄金价格指数）挂钩。被动管理型基金的一个常见例子是交易型开放式指数基金（ETF）。

以运作方式划分，投资基金可以分为封闭式基金和开放式基金。封闭式基金是指基金发行总额和发行期在设立时已确定，在规定期限内固定不变的投资基金。封闭式基金的基金份额可以在依法设立的证券交易场所交易，但基金份额的持有人不得申请赎回基金份额。开放式基金是指基金发行总额不固定，基金份额的持有人可以在基金合同约定的时间和场所申购或者赎回的基金。

市净率

指每股股价与每股账面价值的比率。市净率可用于股票投资分析，一般来说，市净率较低的股票，投资价值较高。相反，市净率较高的股票，投资价值较低。

但在判断投资价值时，还要综合考虑当时的市场环境、公司经营情况、盈利能力等因素。

市净率 = 每股股价 / 每股账面价值

市现率

一种用于衡量公司现金流情况的财务指标。现金流代表一家公司拥有多少现金或现金等价物。市现率越低，股票越便宜。

市现率 = 每股股价 / 每股现金流

市盈率

可用于判断一只股票是否被低估的财务指标。市盈率越低，股票越便宜。

市盈率 = 每股股价 / 每股收益

价格指数

反映一组股票的价格走势的指标。与业绩指数不同，计算价格指数时不需要考虑股息和资本的变化。

市销率

一种专门用于评估亏损股票的财务指标，同时也适用于评估周期性股票，例如工业企业、批发商和原材料生产商的股票，这些公司的利润在很大程度上取决于总体经济发展水平。与同行业的其他股票相比，市销率相对较低的股票被认为价格更便宜。

市销率 = 每股股价 / 每股销售额

做空

指股票（以及其他有价证券、商品或外汇）在出售时并未由各自的市场参与者所有的情况。交易者选择做空通常是因为推测自己以后能够以更低的价格买入。

彼得·林奇

生于 1944 年 1 月 19 日，是股票市场历史上最成功的基金经理之一，曾管理麦哲伦基金。

保证金

指金融衍生品交易中杠杆投资的买方必须提供的担保。保证金的作用是在投机发生错误时抵消损失。在期货交易或做空中，保证金是必须要支付的。

市值

也称股票市值，指上市公司股票的总价值。市值是上市公司当前股价与流通股数的乘积。

固定利率债券

指发行时票面利率固定并且在偿还期内不再变动的债券。银行、公司和政府均可以发行固定利率债券。

场外交易

指在证券交易所之外进行的交易，缩写为 OTC，代表"柜台"。

绩优股

指价格走势明显高于平均水平的股票（以行业平均水平或指数为衡量标准）。

仙股

指以非常低的价格交易的股票。在欧元市场，仙股往往指每股股价低于 1 欧元的股票。仙股通常表现出较高的波动性，是投机交易的对象。

业绩

指股票、投资基金或其他上市投资产品的收益发展情况。

绩效指数

与价格指数相对，在计算时通常会考虑资本和股息的变化。德国 DAX 股票指数就是绩效指数。

投资组合

指投资者持有的证券或基金的总体情况。

量子基金

由传奇投资人乔治·索罗斯和吉姆·罗杰斯创办，是有史以来最成功的对冲基金之一。

罗杰斯国际大宗商品指数（RICI）

吉姆·罗杰斯于 1998 年 8 月 1 日首次推出大宗商品指数，包含 38 种大宗商品，是世界大宗商品价格发展趋势的评估参考之一。纳入 RICI 的大宗商品的种类和权重每年都会调整。

大宗商品指数

指大宗商品市场的价格指数，用于体现大宗商品市场的价格发展情况。知名的大宗商品指数有罗杰斯国际大宗商品指数、彭博商品指数、德国商业银行 EW 商品指数、路透 CRB 指数、瑞银彭博 CMCI 指数、德意志银行流动商品指数和标普高盛商品指数（原高盛大宗商品指数）。

滚动损失

如果想在期货合约的到期之日之后延长期货投资期限，投资者必须购买合约期限更长的新期货。这个过程被称为"滚动交割"。通常情况下，合约期限更长的新期货比老期货贵，从而会导致滚动损失的出现。

S 股

指在新加坡证券交易所上市交易的中国内地公司的股票，S 股对全球投资者开放。

美国证券交易委员会（SEC）

位于华盛顿特区的美国证券监管机构。

七倍股

股票交易术语，指价格增长 7 倍的股票。该术语来自棒球运动中的"本垒打"，一次本垒打最高可得四分。然而在股票术语中，这个数字并不局限于"四"，如果一些股票在一定时期内价值增长十倍，那么我们称这只股票为十倍股。

小盘股

市值较低的公司的股票。

乔治·索罗斯

生于 1930 年 8 月 12 日，美国知名投资者，与吉姆·罗杰斯共同创办了量子基金。量子基金是一只专注于全球投资的对冲基金。

投机者

指购买股票不是为了进行长期投资，而是为了赚取短期利润的市场参与者。与投资者相比，投机者承担的风险往往更高。在一些国家的语言中，"投机"这个词往往存在负面的含义，喻指不负责任的行为。由于这个原因,在现代股票市场的术语中人们越来越多地使用"交易者"。

价差

证券在证券交易所的买入价和卖出价之间的差额。

标准普尔 500 指数

一种反映美国市场表现情况的股票指数。其计算依据是美国 500 家最大的股份公司的股价。与道琼斯工业平均指数相比,它更能准确地反映美国的经济状况。

约翰·邓普顿

生于 1912 年 11 月 29 日,逝于 2008 年 7 月 8 日,股票市场历史上最成功的基金经理之一,曾管理邓普顿增长基金。

自上而下策略

一种从抽象到具体、从整体到局部、从宏观到微观的分析方法。在投资领域，自上而下策略的倡导者会首先分析宏观经济和行业环境，然后分析具体的投资项目，如公司、大宗商品或房地产等。与自上而下策略相对的是自下而上策略。

交易者

在短期内购买并出售证券，以便从价格波动中获利的投机者。

转机

指受危机困扰的公司成功恢复盈利。

价值投资

一种证券分析方法，以价值为导向，是基本面分析法的变体。价值投资者倾向于投资股价远低于内在价值的公司。这些公司的典型特征是低市盈率和高于平均水平的股息率。价值投资者的目标是识别被低估的公司并投资它们。价值投资是由美国经济学家本杰明·格雷厄姆和大卫·多德于20世纪30年代提出的概念。最著名的价值投资大师包括本杰明·格雷厄姆、沃伦·巴菲特和查理·芒格等。

负债

指一家公司未支付的财务款项，包括银行贷款、各公司自己发行的债券以及客户为尚未履行的服务支付的预付款等。公司的负债必须显示在年度资产负债表的负债一栏。

波动性

表示一段时间内一只股票波动范围的指标。具有高波动性（通常以贝塔系数值衡量）的股票会显示为价格的频繁波动。

证券分析

对证券市场的系统性调查与分析。证券分析的目的是得出对单个证券的买入、持有或卖出建议。在证券投资的具体实践中，3种不同类型的证券分析具有如下区别：基本面分析考察的是一家公司的经营数据，并根据这些数据提出操作建议。图表分析考察的是一只证券迄今为止的价格走势，并由此推测出该证券未来的发展趋势。情绪分析考察的是市场投资者的情绪，并由此提出相关操作建议。

参考文献

1   Rogers, Jim, Die Wall Street ist auch nur eine Straße, München 2013, S. 18.

2   Rogers, Jim, Die Wall Street ist auch nur eine Straße, München 2013, S. 244.

3   Rogers, Jim, Investmentregeln fürs Leben, München 2009, S. 21.

4   Rogers, Jim, Investmentregeln fürs Leben, München 2009, S. 24f.

5   Rogers, Jim, Investmentregeln fürs Leben, München 2009, S. 42.

6   Rogers, Jim, Die Abenteuer eines Kapitalisten, München 2005, S. 67.

7   Rogers, Jim, Die Wall Street ist auch nur eine Straße, München 2013, S. 11.

8   Vgl. Marktbeobachtung, Kundenmagazin der HSBC für Investoren und Trader 11/2015, Düsseldorf 2015, S. 40.

9   Rogers, Jim, Investmentregeln fürs Leben, München 2009, S. 47.

10   Rogers, Jim, Investmentregeln fürs Leben, München 2009, S. 47.

11   Rogers, Jim, Die Wall Street ist auch nur eine Straße, München 2013, S. 19.

12   Rogers, Jim, Investmentregeln fürs Leben, München 2009, S. 11.

13   Rogers, Jim, Investmentregeln fürs Leben, München 2009, S. 24.

14   Rogers, Jim, Investment Biker: Around the World with Jim Rogers, Holbrook 1995, S. 4.

15   Rogers, Jim, Investmentregeln fürs Leben, München 2009, S. 28.

16   Rogers, Jim, Die Wall Street ist auch nur eine Straße, München 2013, S. 18.

17   Rogers, Jim, Die Wall Street ist auch nur eine Straße, München 2013, S. 16.

18   Rogers, Jim, Die Wall Street ist auch nur eine Straße, München 2013, S. 16.

19   Rogers, Jim, Die Wall Street ist auch nur eine Straße, München 2013, S. 19f.

20   Rogers, Jim, Rohstoffe – Der attraktivste Markt der Welt, 8. Auflage, München 2016, S.10.

21   Rogers, Jim, Die Wall Street ist auch nur eine Straße, München 2013, S. 19.

22   Rogers, Jim, Die Wall Street ist auch nur eine Straße, München 2013, S. 17.

23   Rogers, Jim, Die Wall Street ist auch nur eine Straße, München 2013, S. 17.

24   Rogers, Jim, Die Wall Street ist auch nur eine Straße, München 2013, S. 18.

25   Zitelmann, Rainer, Setze dir größere Ziele! Die Geheimnisse erfolgreicher Persönlichkeiten, München 2018, S. 105.

26 Rogers, Jim, Die Wall Street ist auch nur eine Straße, München 2013, S. 19.

27 Rogers, Jim, Die Wall Street ist auch nur eine Straße, München 2013, S. 19.

28 Rogers, Jim, Die Wall Street ist auch nur eine Straße, München 2013, S. 20.

29 Rogers, Jim, Die Wall Street ist auch nur eine Straße, München 2013, S. 21.

30 Rogers, Jim, Investmentregeln fürs Leben, München 2009, S. 24.

31 Rogers, Jim, Investmentregeln fürs Leben, München 2009, S. 33.

32 Rogers, Jim, Die Wall Street ist auch nur eine Straße, München 2013, S. 41.

33 Rogers, Jim, Investmentregeln fürs Leben, München 2009, S. 31.

34 Vgl. https://en.wikipedia.org/wiki/The_Boat_Race_1966

35 Rogers, Jim, Die Wall Street ist auch nur eine Straße, München 2013, S. 33f.

36 Vgl.: Rogers, Jim, Investment Biker: Around the World with Jim Rogers, Holbrook 1995, S. 385ff.

37 Rogers, Jim, Die Abenteuer eines Kapitalisten, München 2005, S. 17.

38 Rogers, Jim, Investieren in China – So profitieren Sie vom größten Markt der Welt, München 2008, S. 10.

39 Rogers, Jim, Die Wall Street ist auch nur eine Straße, München 2013, S. 43.

40 Rogers, Jim, Die Wall Street ist auch nur eine Straße, München 2013, S. 43f.

41 Balsinger, Peter; Werner, Frank, Die Erfolgsgeheimnisse der Börsenmillionäre, München 2016, S. 184f.

42 Rogers, Jim, Investieren in China – So profitieren Sie vom größten Markt der Welt, München 2008, S. 19.

43 Rogers, Jim, Die Abenteuer eines Kapitalisten, München 2005, S. 173.

44 Rogers, Jim, Investment Biker: Around the World with Jim Rogers, Holbrook 1995, S. 5.

45 Vgl. Train, John, Die Formeln der Erfolgreichsten! Teil 2, München 2006, S. 20.

46 Rogers, Jim, Die Wall Street ist auch nur eine Straße, München 2013, S. 73.

47 Rogers, Jim, Die Wall Street ist auch nur eine Straße, München 2013, S. 44.

48 Rogers, Jim, Investmentregeln fürs Leben, München 2009, S. 16.

49 Rogers, Jim, Die Wall Street ist auch nur eine Straße, München 2013, S. 194.

50 Rogers, Jim, Die Wall Street ist auch nur eine Straße, München 2013, S. 65.

51 Rogers, Jim, Die Wall Street ist auch nur eine Straße, München 2013, S. 45.

52 Rogers, Jim, Die Wall Street ist auch nur eine Straße, München 2013, S. 45.

53 Soros, George, Soros on Soros, Hoboken 1995, S. 47f.

54 Rogers, Jim, Die Wall Street ist auch nur eine Straße, München 2013, S. 48.

55 Rogers, Jim, Die Wall Street ist auch nur eine Straße, München 2013, S. 48.

56 Rogers, Jim, Die Wall Street ist auch nur eine Straße, München 2013, S. 73.

57 Rogers, Jim, Investmentregeln fürs Leben, München 2009, S. 11f.

58 Slater, Robert, George Soros, München 2009, S. 106.

59 Rogers, Jim, Die Wall Street ist auch nur eine Straße, München 2013, S. 75 f.

60 Balsinger, Peter; Werner, Frank, Die Erfolgsgeheimnisse der Börsenmillionäre, München 2016, S. 184.

61 Slater, Robert, George Soros, München 2009, S. 25.

62 Slater, Robert, George Soros, München 2009, S. 26.

63 Train, John, Die Formeln der Erfolgreichsten! Teil 2, München 2006, S. 20.

64 Rogers, Jim, Die Wall Street ist auch nur eine Straße, München 2013, S. 49.

65 Rogers, Jim, Die Wall Street ist auch nur eine Straße, München 2013, S. 45.

66 Rogers, Jim, Investment Biker: Around the World with Jim Rogers, Holbrook 1995, S. 5.

67 Rogers, Jim, Investmentregeln fürs Leben, München 2009, S. 11f.

68 Rogers, Jim, Investment Biker: Around the World with Jim Rogers, Holbrook 1995, S. 6ff.

69 Rogers, Jim, Die Wall Street ist auch nur eine Straße, München 2013, S. 94f.

70 Rogers, Jim, Die Abenteuer eines Kapitalisten, München 2005, S. 12.

71 Rogers, Jim, Die Abenteuer eines Kapitalisten, München 2005, S. 275.

72 Rogers, Jim, Die Wall Street ist auch nur eine Straße, München 2013, S. 82.

73 Rogers, Jim, Die Wall Street ist auch nur eine Straße, München 2013, S. 82.

74 Vgl. Morrien, Rolf; Vinkelau, Heinz, Alles was Sie über Warren Buffett wissen müssen, München 2018.

75 Vgl. Morrien, Rolf; Vinkelau, Heinz, Alles was Sie über Benjamin Graham wissen müssen, München 2018.

76 Train, John, Die Formeln der Erfolgreichsten! Teil 2, München 2006, S. 21.

77 Rogers, Jim, Die Wall Street ist auch nur eine Straße, München 2013, S. 84.

78 Rogers, Jim, Rohstoffe – Der attraktivste Markt der Welt, 8. Auflage, München 2016, S. 13.

79 Rogers, Jim, Investieren in China – So profitieren Sie vom größten Markt der Welt, München 2008, S. 30.

80 Rogers, Jim, Die Wall Street ist auch nur eine Straße, München 2013, S. 125.

81 Rogers, Jim, Die Abenteuer eines Kapitalisten, München 2005, S. 130.

82 Rogers, Jim, Die Wall Street ist auch nur eine Straße, München 2013, S. 127.

83 Rogers, Jim, Die Abenteuer eines Kapitalisten, München 2005, S. 123.

84 Rogers, Jim, Die Wall Street ist auch nur eine Straße, München 2013, S. 142.

85 Rogers, Jim, Die Wall Street ist auch nur eine Straße, München 2013, S. 158.

86 Rogers, Jim, Die Abenteuer eines Kapitalisten, München 2005, S. 111.

87 Rogers, Jim, Die Abenteuer eines Kapitalisten, München 2005, S. 141.

88 Rogers, Jim, Die Abenteuer eines Kapitalisten, München 2005, S. 153.

89 Rogers, Jim, Die Abenteuer eines Kapitalisten, München 2005, S. 179.

90 Rogers, Jim, Die Abenteuer eines Kapitalisten, München 2005, S. 248.

91 Rogers, Jim, Die Abenteuer eines Kapitalisten, München 2005, S. 292.

92 Rogers, Jim, Die Abenteuer eines Kapitalisten, München 2005, S. 299.

93 Rogers, Jim, Investmentregeln fürs Leben, München 2009, S. 51.

94 Weitere Informationen zum RICI finden Sie unter www.rogersrawmaterials.com.

95 Rogers, Jim, Investmentregeln fürs Leben, München 2009, S. 52.

96 Rogers, Jim, Rohstoffe – Der attraktivste Markt der Welt, 8. Auflage, München 2016, S. 15.

97 Rogers, Jim, Die Wall Street ist auch nur eine Straße, München 2013, S. 157.

98 Rogers, Jim, Investmentregeln fürs Leben, München 2009, S. 12.

99 Vgl. Zitelmann, Rainer, Setze dir größere Ziele! Die Geheimnisse erfolgreicher Persönlichkeiten, München 2018, S. 106.

100 Rogers, Jim, Die Wall Street ist auch nur eine Straße, München 2013, S. 123.

101 www.nationalreview.com/magazine/2010/03/08/jim-shrugged/.

102 Rogers, Jim, Die Wall Street ist auch nur eine Straße, München 2013, S. 168.

103 Vgl. http://english.hani.co.kr/arti/english_edition/e_northkorea/891182.html.

104 Vgl. www.pusan.ac.kr/eng/CMS/Board/Board.do?mCode=MN064&mode=view&mgr_seq=49&board_seq=1391606.

105 Slater, Robert, George Soros, München 2009, S. 94.

106 Train, John, Die Formeln der Erfolgreichsten! München 2006, S. 20.

107 Slater, Robert, George Soros, München 2009, S. 26.

108 Slater, Robert, George Soros, München 2009, S. 93.

109 Slater, Robert, George Soros, München 2009, S. 104.

110 www.therichest.com/celebnetworth/celebrity-business/men/jim-rogers-net-worth/.

111 Balsinger, Peter; Werner, Frank, Die Erfolgsgeheimnisse der Börsenmillionäre, München 2016, S. 184f.

112 Rogers, Jim, Investmentregeln fürs Leben, München 2009, S. 36.

113 Rogers, Jim, Die Wall Street ist auch nur eine Straße, München 2013, S. 66.

114 Train, John, Die Formeln der Erfolgreichsten! München 2006, S. 13.

115 Rogers, Jim, Investmentregeln fürs Leben, München 2009, S. 50.

116 Rogers, Jim, Die Wall Street ist auch nur eine Straße, München 2013, S. 66.

117 Soros, George, Soros on Soros, Hoboken 1995, S. 48.

118 Rogers, Jim, Investmentregeln fürs Leben, München 2009, S. 36.

119 Rogers, Jim, Die Wall Street ist auch nur eine Straße, München 2013, S. 55.

120 Rogers, Jim, Investmentregeln fürs Leben, München 2009, S. 72.

121 Rogers, Jim, Investmentregeln fürs Leben, München 2009, S. 17.

122 Rogers, Jim, Investieren in China – So profitieren Sie vom größten Markt der Welt, München 2008, S. 19.

123 Rogers, Jim, Investmentregeln fürs Leben, München 2009, S. 84.

124 Rogers, Jim, Investmentregeln fürs Leben, München 2009, S. 73.

125 Rogers, Jim, Die Abenteuer eines Kapitalisten, München 2005, S. 305.

126 Rogers, Jim, Investmentregeln fürs Leben, München 2009, S. 83.

127 Rogers, Jim, Die Wall Street ist auch nur eine Straße, München 2013, S. 56.

128 Rogers, Jim, Investmentregeln fürs Leben, München 2009, S. 18.

129 Rogers, Jim, Die Abenteuer eines Kapitalisten, München 2005, S. 83.

130 Rogers, Jim, Die Wall Street ist auch nur eine Straße, München 2013, S. 56.

131 Train, John, Die Formeln der Erfolgreichsten! München 2006, S. 15.

132 Rogers, Jim, Die Wall Street ist auch nur eine Straße, München 2013, S. 62.

133 Rogers, Jim, Die Wall Street ist auch nur eine Straße, München 2013, S. 63.

134 Rogers, Jim, Die Wall Street ist auch nur eine Straße, München 2013, S. 60.

135 Rogers, Jim, Die Wall Street ist auch nur eine Straße, München 2013, S. 60.

136 Rogers, Jim, Investmentregeln fürs Leben, München 2009, S. 17.

137 Rogers, Jim, Rohstoffe – Der attraktivste Markt der Welt, 8. Auflage, München 2016, S. 22.

138 Rogers, Jim, Rohstoffe – Der attraktivste Markt der Welt, 8. Auflage, München 2016, S. 45.

139 Rogers, Jim, Rohstoffe – Der attraktivste Markt der Welt, 8. Auflage, München 2016, S. 51.

140 Rogers, Jim, Rohstoffe – Der attraktivste Markt der Welt, 8. Auflage, München 2016, S. 9.

141 Rogers, Jim, Rohstoffe – Der attraktivste Markt der Welt, 8. Auflage, München 2016, S. 9.

142 Rogers, Jim, Rohstoffe – Der attraktivste Markt der Welt, 8. Auflage, München 2016, S. 21.

143 Rogers, Jim, Rohstoffe – Der attraktivste Markt der Welt, 8. Auflage, München 2016, S. 122.

144 Rogers, Jim, Rohstoffe – Der attraktivste Markt der Welt, 8. Auflage, München 2016, S. 14.

145 Rogers, Jim, Rohstoffe – Der attraktivste Markt der Welt, 8. Auflage, München 2016, S. 11.

146 Rogers, Jim, Investmentregeln fürs Leben, München 2009, S. 52.

147 Rogers, Jim, Rohstoffe – Der attraktivste Markt der Welt, 8. Auflage, München 2016, S. 50.

148 Rogers, Jim, Rohstoffe – Der attraktivste Markt der Welt, 8. Auflage, München 2016, S. 255.

149 Rogers, Jim, Die Abenteuer eines Kapitalisten, München 2005, S. 307.

150 Rogers, Jim, Rohstoffe – Der attraktivste Markt der Welt, 8. Auflage, München 2016, S. 40.

151 Rogers, Jim, Rohstoffe – Der attraktivste Markt der Welt, 8. Auflage, München 2016, S. 41f.

152 Rogers, Jim, Rohstoffe – Der attraktivste Markt der Welt, 8. Auflage, München 2016, S. 59.

153 Rogers, Jim, Investmentregeln fürs Leben, München 2009, S. 51.

154 Rogers, Jim, Rohstoffe – Der attraktivste Markt der Welt, 8. Auflage, München 2016, S. 30.

155 Rogers, Jim, Rohstoffe – Der attraktivste Markt der Welt, 8. Auflage, München 2016, S. 39.

156 Rogers, Jim, Rohstoffe – Der attraktivste Markt der Welt, 8. Auflage, München 2016, S. 11.

157 Rogers, Jim, Rohstoffe – Der attraktivste Markt der Welt, 8. Auflage, München 2016, S. 49.

158 Rogers, Jim, Rohstoffe – Der attraktivste Markt der Welt, 8. Auflage, München 2016, S. 65.

159 Rogers, Jim, Rohstoffe – Der attraktivste Markt der Welt, 8. Auflage, München 2016, S. 88.

160 Rogers, Jim, Rohstoffe – Der attraktivste Markt der Welt, 8. Auflage, München 2016, S. 118.

161 Rogers, Jim, Rohstoffe – Der attraktivste Markt der Welt, 8. Auflage, München 2016, S. 62.

162 Rogers, Jim, Rohstoffe – Der attraktivste Markt der Welt, 8. Auflage, München 2016, S. 57.

163 Rogers, Jim, Rohstoffe – Der attraktivste Markt der Welt, 8. Auflage, München 2016, S. 81

164 http://www.rogersrawmaterials.com/weight.asp.

165 https://data.bloomberglp.com/professional/sites/10/BCOM-Fact-Sheet5.pdf.

166 https://www.cb-index.de/details/commerzbank-commodity-ex-agriculture-ew-index-tr/CONA_USD.

167 https://www.refinitiv.com/content/dam/marketing/en_us/documents/fact-sheets/cc-crb-total-return-index-fact-sheet.pdf.

168 https://www.ubs.com/global/en/investment-bank/ib/bloomberg-cmci/universe/composite-index.

169 https://index.db.com/dbiqweb2/home.do.

170 https://us.spindices.com/indices/commodities/sp-gsci.

171 Rogers, Jim, Rohstoffe – Der attraktivste Markt der Welt, 8. Auflage, München 2016, S. 76.

172 Rogers, Jim, Rohstoffe – Der attraktivste Markt der Welt, 8. Auflage, München 2016, S. 83.

173 Rogers, Jim, Investmentregeln fürs Leben, München 2009, S. 38.

174 Rogers, Jim, Die Abenteuer eines Kapitalisten, München 2005, S. 75.

175 Rogers, Jim, Die Abenteuer eines Kapitalisten, München 2005, S. 12.

176 Rogers, Jim, Die Abenteuer eines Kapitalisten, München 2005, S. 173.

177 Rogers, Jim, Investmentregeln fürs Leben, München 2009, S. 30.

178 Rogers, Jim, Investmentregeln fürs Leben, München 2009, S. 30.

179 Rogers, Jim, Die Abenteuer eines Kapitalisten, München 2005, S. 12.

180 Rogers, Jim, Die Abenteuer eines Kapitalisten, München 2005, S. 266.